FiNALEonline.de

FiNALEonline.de ist die digitale Ergänzung zu deinem Arbeitsbuch. Hier findest du eine Vielzahl an Angeboten, die dich zusätzlich bei deiner Prüfungsvorbereitung in Deutsch unterstützen!

Das Plus für deine Prüfungsvorbereitung:

- das Extra-Training Rechtschreibung
- Original-Prüfungsaufgaben mit Lösungen (bitte Code von S. 2 eingeben)
- Tipps zur Prüfungsvorbereitung, die das Lernen erleichtern

Online-Grundlagentraining

Du hast noch Lücken aus den vorherigen Schuljahren? Kein Problem! Das Online-Grundlagentraining auf FiNALEonline.de hilft dir dabei, wichtigen Lernstoff nachzuarbeiten und zu wiederholen. Und so funktioniert es:

Für das Fach Deutsch stehen dir über 100 Aufgaben zu prüfungsrelevanten Grundlagen in kurzen Trainingseinheiten zur Verfügung.

Unser Tipp für Lehrerinnen und Lehrer: Nutzen Sie unsere vielfältigen Arbeitsblätter auch für Ihren Unterricht.

Für Lehrerinnen und Lehrer:
Die Lehrerhandreichung für den optimalen Einsatz der Arbeitsbücher im Unterricht zum kostenlosen Download!

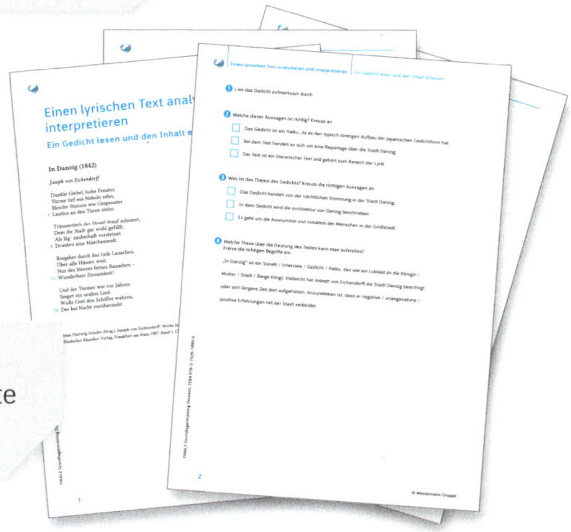

Du übst lieber auf Papier? Dann klicke auf „PDF“ und drucke dir die gewünschte Trainingseinheit einfach aus.

FiNALE Grundlagentraining Deutsch

Das FiNALE Grundlagentraining ist die ideale Ergänzung zu diesem Arbeitsbuch. Es bietet eine große Auswahl an Materialien, mit deren Hilfe du prüfungsrelevantes Grundlagenwissen auffrischen und aktiv trainieren kannst.

Folgende Inhalte werden in diesem Band behandelt:

- Überprüfung des Leseverstehens
- Analyse und Interpretation literarischer Texte
- argumentativer Umgang mit Sachthemen
- Arbeitstechniken und prüfungsrelevante Fachbegriffe
- grundlegendes Grammatikwissen
- die wichtigsten Operatoren im Fach Deutsch

Zu jeder Trainingseinheit gibt es anschauliche Lösungen.

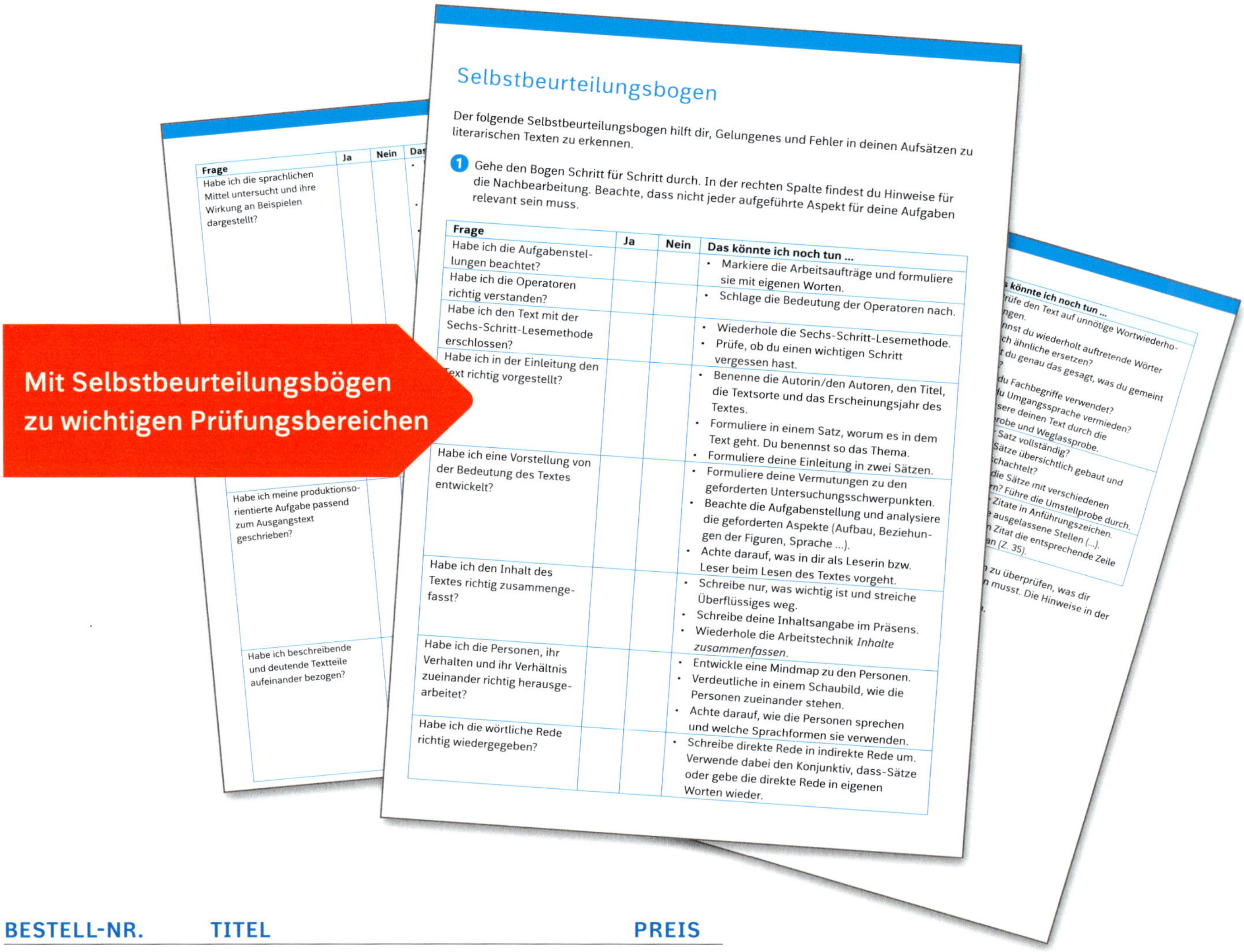

BESTELL-NR.	TITEL	PREIS
978-3-7426-1890-0	FiNALE Grundlagentraining Deutsch	13,95 €

FiNALE Grundlagentraining gibt es auch für die Fächer Englisch und Mathematik.

westermann

FiNALE Prüfungstraining

Baden-Württemberg

Realschulabschluss 2023

Deutsch

Julia Hauser
Linda Junker
Sabine Moßmeyer
Marlene Müller
Katja Schüttler

FiNALEonline.de

Liebe Schülerin, lieber Schüler,

sobald die Original-Prüfungsaufgaben zur Veröffentlichung freigegeben sind, können sie unter **www.finaleonline.de** zusammen mit ausführlichen Lösungen kostenlos herunter-geladen werden. Gib dazu einfach diesen Code ein:

DE5z2Gs

Einfach mal reinschauen: www.finaleonline.de

Bildquellennachweis:
|Axel Springer Syndication GmbH, Berlin: 18.1. |Baaske Cartoons, Müllheim: Harm Bengen 69.1. |Bundesministerium für Ernährung und Landwirtschaft (BMEL), Bonn: 57.1, 59.1. |Peter Wirtz Fotografie, Dormagen: Titel. |Robert Bosch Stiftung GmbH, Berlin: 66.1. |stock.adobe.com, Dublin: Oleksandr Babich 49.1.

westermann GRUPPE

Druck A[1] / Jahr 2022
Alle Drucke der Serie A sind im Unterricht parallel verwendbar.

Redaktion: omnibooks, Bielefeld
Kontakt: finale@westermanngruppe.de
Layout: LIO Design GmbH, Braunschweig
Umschlaggestaltung: Gingco.Net, Braunschweig
Umschlagfoto: Peter Wirtz, Dormagen
Druck und Bindung: Westermann Druck GmbH, Georg-Westermann-Allee 66, 38104 Braunschweig

ISBN 978-3-7426-**2366**-9

Was erwartet dich in diesem Buch?

Du bist in der 10. Klasse und vor dir liegt die Abschlussprüfung, das große Finale.
Darauf will dich dieses Buch vorbereiten. Es gibt dir die Möglichkeit,

1. dich in verschiedene Themenbereiche einzuarbeiten und
2. dich mit den Prüfungsaufgaben und ihren Anforderungen vertraut zu machen.

Im **Teil A** erfährst du, was dich in der Prüfung erwartet. Du bekommst außerdem Antworten auf die wichtigsten **FAQs** rund um die Prüfung.

Teil B enthält angeleitete Prüfungsaufgaben zu allen Bereichen der neuen Abschlussprüfung – in der Reihenfolge, die dich auch in der Prüfung erwartet. In den Kapiteln B 1 und B 2 zum **Pflichtteil A1** Sachtext übst du Schritt für Schritt, einen Sachtext zu erschließen und Aufgaben zum Textverständnis zu bearbeiten. Anschließend erhältst du prüfungstypische Aufgaben zum Sprachgebrauch.
Die Kapitel B 3, B 4 und B 5 widmen sich dem **Pflichtteil A2 Lektüre**. Sie geben Hilfestellungen zur Erarbeitung der Lektüre, einen Einblick in mögliche Aufgabenstellungen und Tipps für die produktive Schreibaufgabe.
B 6 und B 7 zum **Wahlteil B** thematisieren die **textgebundene dialektische Erörterung**. Hier lernst du Schritt für Schritt, einen guten Aufsatz zu diesem Bereich zu verfassen. Zudem übst du wichtige Arbeitstechniken wie den Umgang mit Zitaten und Quellenangaben und du findest zahlreiche Fomulierungshilfen.
Die Kapitel B 8 – B 11 zum **Wahlteil B Textbeschreibung „Lyrik" und „Prosa"** enthalten angeleitete Prüfungsaufgaben zu lyrischen bzw. kurzen Erzähltexten. Sie dienen der unterstützten Anwendung der Arbeitstechniken und Strategien zur Bearbeitung von Schreibaufgaben.
In allen Kapiteln erhältst du wichtige Lösungshilfen für die Erschließung von Texten und die Erstellung eines Schreibplans sowie hilfreiche Hinweise zu deiner Zeiteinteilung während der Prüfung.

Im **Teil C** kannst du anhand der **Original-Prüfungsaufgaben 2021** dein Wissen und deine Fertigkeiten anwenden und überprüfen.

Im **ausführlichen Glossar** findest du die wichtigsten Inhalte aus den Bereichen Orthografie, Grammatik sowie Zeichensetzung und du kannst wichtige Grundbegriffe zur Erschließung von lyrischen, epischen und Sachtexten nachschlagen. Den Abschluss bildet eine Übersicht zu sprachlichen Mitteln.
Im **Lösungsheft** kannst du nachsehen, ob du die Aufgaben richtig bearbeitet hast.

Zudem stehen unter www.finaleonline.de ein **EXTRA-Training Rechtschreibung** und die Original-Prüfungsaufgaben 2022 mit Musterlösungen zum Download bereit. Sobald die Prüfungsaufgaben zur Veröffentlichung freigegeben sind, kannst du sie nach Eingabe des Codes **DE5z2Gs** herunterladen.

In diesem Arbeitsbuch findest du Schreibraum für wichtige vorbereitende Notizen. Auch die Schreiblinien sind für dich gedacht. Einige Aufgaben benötigen jedoch mehr Platz. Benutze in diesem Fall für deine Antworten ein separates Blatt.
Damit du ein Gefühl für die zur Verfügung stehende Arbeitszeit bekommst, solltest du dir in den Teilen B und C bei den Prüfungsaufgaben eine Uhr stellen.
Wir hoffen, dass du dich nach der Bearbeitung dieses Buches fit für das Finale fühlst, und wünschen dir für die Prüfung die nötige Sicherheit und viel Erfolg!

TIPP

Hast du noch Lücken aus den vorherigen Schuljahren? Dann empfehlen wir dir das „FiNALE Grundlagentraining Deutsch" (ISBN 978-3-7426-1890-0). Es bietet prüfungsrelevantes Grundlagenwissen zum Nachschlagen und Üben. Ergänzend dazu findest du unter *www.finaleonline.de/grundlagentraining* ein kostenloses Online-Training bestehend aus interaktiven Übungsaufgaben und Arbeitsblättern zum Ausdrucken.

A Die Prüfung im Überblick

A 1 Was kommt in der Realschulabschlussprüfung auf dich zu?

Die Realschulabschlussprüfung besteht aus mehreren einzelnen Prüfungsteilen. In den Fächern Deutsch, Englisch und Mathematik schreibst du schriftliche Prüfungen. Die Termine liegen im Mai und Juni und werden dir zu Beginn des 10. Schuljahres rechtzeitig bekannt gegeben.
Für die Prüfung hast du volle vier Zeitstunden zur Verfügung, also insgesamt 240 Minuten. Deine Prüfungstexte werden zunächst von deiner Deutschlehrkraft korrigiert und bewertet und dann an eine Deutschlehrkraft einer anderen Schule zur Zweitkorrektur weitergegeben. Die Endnote für deine Prüfung wird dann gemittelt, d. h., es wird der Durchschnitt aus der Erst- und Zweitbewertung errechnet. Nur für den ganz seltenen Fall, dass Erst- und Zweitnote weit auseinanderliegen, wird ein dritter Korrektor hinzugezogen.
Wenn du mit deinem Ergebnis der schriftlichen Deutschprüfung nicht zufrieden bist, hast du die Möglichkeit, dich durch eine freiwillige mündliche Prüfung zu verbessern. Wie eine solche mündliche Prüfung abläuft, kannst du von deiner Deutschlehrkraft erfahren.

Deine Deutschnote im Abschlusszeugnis setzt sich wie folgt zusammen:

Jahresleistung	Schriftliche Prüfung	Freiwillige mündliche Prüfung	Endnote
Dies ist der Durchschnitt aus allen Klassenarbeiten, Tests, mündlichen Noten usw. bis zum Prüfungstermin. Die Jahresleistung kannst du ein paar Tage vor dem Prüfungstermin bei deiner Deutschlehrkraft erfragen.	Die schriftliche Prüfung besteht aus verschiedenen Prüfungsteilen (Pflichtteilen, Wahlteil). Die Note erfährst du im Juni. Dann entscheidest du, ob du eine freiwillige mündliche Prüfung ablegen willst.	In der mündlichen Prüfung werden vorher vereinbarte Themenschwerpunkte und das Überblickswissen aus den Klassen 7 bis 10 geprüft. Die Dauer beträgt insgesamt ca. 10–15 Minuten.	Sie ist der Durchschnitt aus deiner Jahresleistung und den Prüfungsergebnissen im Fach Deutsch. Es wird auf- bzw. abgerundet zur ganzen Note, z. B. Ø 2,5 → 3 Ø 2,4 → 2 Ø 2,6 → 3
50 %	**50 %**	**Nein, danke!**	→ ☺
50 %	**dreifach**	**Ja, bitte: einfach**	→ ☺

Wie du der Tabelle entnehmen kannst, macht deine Jahresleistung – also alle Noten, die du im Fach Deutsch seit Schuljahresbeginn gesammelt hast – die Hälfte der Endnote aus. Es lohnt sich also, gleich zu Anfang des 10. Schuljahres voll durchzustarten. Wenn du dir hier schon einen kleinen Puffer erarbeitest, reduzierst du den Prüfungsdruck enorm.
Sollte die schriftliche Prüfung nicht so gelaufen sein, wie du es dir vorgestellt hast, kannst du diese Note durch die freiwillige mündliche Prüfung verbessern. Du kannst mit der obigen Tabelle genau ausrechnen, welche Note du in der mündlichen Prüfung mindestens erreichen musst, um eine bessere Note zu bekommen. Mit der Tabelle findest du aber auch heraus, welche Note du mindestens erzielen solltest, um dich nicht zu verschlechtern. Versuche vor dieser Entscheidung, deine Anstrengungsbereitschaft und dein Leistungsvermögen so realistisch wie möglich einzuschätzen.

A 2 Welche Prüfungsaufgaben gibt es?

In der schriftlichen Prüfung erhältst du verschiedene Aufgaben, die zentral vom Ministerium für Kultus und Unterricht für alle Realschülerinnen und -schüler in Baden-Württemberg erstellt werden. Seit dem Schuljahr 2020/21 sind dies folgende Aufgabentypen:

1. **Pflichtteil A1 Sachtext: Aufgaben zum Textverständnis sowie zur Grammatik, Orthografie, Interpunktion, Syntax, Morphologie und Semantik**
   Hier wird dir ein Sachtext vorgelegt, auf dessen Grundlage du zwei Aufgabenbereiche bearbeiten musst. Im ersten Aufgabenbereich werden dir Fragen zum Textverständnis gestellt und du musst zeigen, dass du den Inhalt des Sachtextes verstanden hast und damit umgehen kannst. Im zweiten Aufgabenbereich musst du Fragen zum Sprachgebrauch bearbeiten. Hier wird dein Grammatik- und Rechtschreibwissen überprüft. Genaueres erfährst du ab Seite 9.

2. **Pflichtteil A2 Lektüre (Ganzschrift): Aufgaben zum Textverständnis sowie produktive Schreibaufgaben**
   Das Kultusministerium sucht jedes Jahr Prüfungslektüren aus, die alle Realschülerinnen und -schüler Baden-Württembergs im Unterricht der 10. Klasse lesen. Im Schuljahr 2022/23 werden die Lektüren „Blackbird" von Matthias Brandt und „Nathan und seine Kinder" von Mirjam Pressler behandelt. In der Prüfung setzt du dich mit Aufgaben zur Ganzschrift auseinander. Zum Schluss erfolgt noch eine produktive Schreibaufgabe. Du erfindest z. B. aus der Sicht einer Figur an einer bestimmten Stelle der Handlung einen Brief, einen inneren Monolog oder ein Gespräch mit einer anderen Figur. Das setzt voraus, dass du die Handlung und die Figuren des Buches genau kennst und Zusammenhänge überblickst. Genaueres erfährst du ab Seite 28.

3. **Wahlteil B: Textgebundene dialektische Erörterung**
   Du erhälst bei dieser Aufgabe als Grundlage eine oder mehrere Quellen (Texte, Diagramm, Karikatur usw.) zu einem Sachthema, das du erörtern sollst. Du befasst dich dabei mit den verschiedenen Argumenten und stellst diese dialektisch (also kontrovers) in einem Aufsatz dar. Genaueres erfährst du ab Seite 55.

4. **Texte beschreiben (Lyrik)**
   Hier sollst du ein vorgegebenes Gedicht, welches du vermutlich nicht kennen wirst, anhand inhaltlicher, sprachlicher und formaler Kriterien untersuchen und in einem zusammenhängenden Text beschreiben. Genaueres erfährst du ab Seite 80.

5. **Texte beschreiben (Prosa)**
   Auch hier geht es um die Untersuchung eines vorgegebenen Textes. Allerdings sollst du hier einen kürzeren Erzähltext anhand inhaltlicher, sprachlicher und formaler Kriterien untersuchen und in einem zusammenhängenden Text beschreiben. Genaueres erfährst du ab Seite 99.

Du musst den Pflichtteil A1 und A2 vollständig bearbeiten und widmest dich im Wahlteil B einer der drei vorgegebenen Schreibaufgaben. Im Laufe der Klassen 9 und 10 hast du im Deutschunterricht sicher viel zu diesen Aufgaben gelernt. Mit dem FiNALE Prüfungstraining kannst du nun selbstständig alles wiederholen, Lücken schließen, dir einen Überblick schaffen und vor allem: viel üben!

INFO Wörterbuch

In der Prüfung steht dir ein deutsches Rechtschreibwörterbuch als Hilfsmittel zur Verfügung. Dieses solltest du unbedingt zur Überprüfung nutzen. Deine Rechtschreibung und Zeichensetzung werden bewertet.

A 3 Die Abschlussprüfung: Vorbereitung & FAQs

Vorbereitung

Eine gute Vorbereitung beginnt mit einer guten Planung.
- Erste Vorüberlegung: Wie viele Wochen stehen dir bis zum Tag X noch zur Verfügung? Wie viel Zeit kannst du realistisch jeden Tag zur Vorbereitung im Fach Deutsch verwenden?
- Zweite Vorüberlegung: Welche Themen willst du für den Wahlteil B vorbereiten? Es ist empfehlenswert, eine Aufsatzform vorab sehr gut zu üben, denn in der Prüfung hast du kaum Zeit, dir dies zu überlegen. Wenn dir die Festlegung schwerfällt, kannst du nach den Noten entscheiden, die du in den entsprechenden Bereichen hattest, oder du fragst deine Deutschlehrkraft nach einer Einschätzung.

Fertige dann ein Planungsraster an, das beispielsweise so aussehen könnte:

Woche	Thema	Seite	Dienstag	Freitag	Sonntag
1	Aufgaben zum Textverständnis (Sachtext) sowie zur Grammatik, Orthografie usw.		1 h	1,5 h	1 h
2	Aufgaben zum Textverständnis (Ganzschrift) sowie produktive Schreibaufgaben (Lektüre)		1 h	1,5 h	1 h
3	Textgebundene dialektische Erörterung		1 h	1,5 h	1 h
4	Textbeschreibung (Lyrik oder Prosa)		1 h	1,5 h	1 h
5	Wiederholung/Puffer				

Trage für jeden Arbeitsblock die Seiten aus dem FiNALE Prüfungstraining ein, die du dir vornimmst. Auf Seite 144 findest du ein leeres Planungsraster, dass du für deine Vorbereitung nutzen kannst.

Was tun bei heftiger Arbeitsunlust?
- Mache dir klar, dass deine Anstrengungen jetzt genau auf die Abschlussprüfung zielen. Es wäre ziemlich ungünstig, so kurz vor knapp schlappzumachen, oder?
- Jammern hilft! Auch wenn notfalls die Wand herhalten muss: Dampf ablassen und dann weiterarbeiten.
- Überlege dir kleine Belohnungen für zwischendurch, z. B. nach einer Stunde Arbeit eine Runde Tischtennis oder einen Schokoriegel.

Und der letzte Tipp:
Nimm die Prüfungsvorbereitung ernst, ohne dich dabei verrückt zu machen. Das haben schon viele vor dir geschafft – ohne Arbeit und Anstrengung geht es allerdings nicht (gut). Plane unbedingt Pufferzeiten ein, damit du nicht zu sehr unter Druck kommst. Man wird z. B. krank und kann ein paar Tage nicht lernen.

FAQs rund um die Prüfung

Welche Hilfsmittel sind in der Prüfung zugelassen?
Du darfst die Prüfungslektüre benutzen, die du auch im Unterricht verwendet hast. Darin sind Randnotizen erlaubt, jedoch keine Haftnotizzettel oder Büroklammern. Zudem darfst du ein Rechtschreibwörterbuch verwenden. Elektronische Geräte (MP3-Player, Smartphone, Smartwatch, Laptop usw.) sind verboten: Lass sie lieber zu Hause!

Muss ich mein eigenes Papier mitbringen?
Das Papier bekommst du zur Verfügung gestellt. Das weiße Papier ist für die Reinschrift, welche bewertet wird. Es handelt sich dabei um Doppelbögen. Achte darauf, dass du die Seiten in der richtigen Reihenfolge – wie bei einem Buch – beschreibst. Das grüne Papier ist für Notizen oder die Konzeptversion vorgesehen. Sie wird nicht bewertet (Ausnahme siehe: „Ist es schlimm, wenn ich nicht fertig werde?“).

Darf ich mit Kugelschreiber schreiben?
Der Stift muss „dokumentenecht" sein. Es kann also ein Kugelschreiber oder Füller sein, aber kein Bleistift. Denke an ausreichend Tintenpatronen bzw. einen Ersatzstift.

Was muss ich an Arbeitsmaterialien sonst noch mitbringen?
Ein Lineal, damit du sorgfältig unterstreichen kannst, verschiedene Farbstifte bzw. Textmarker zur Bearbeitung der Texte und einen Tintenkiller bzw. Korrigierstift zur sorgfältigen Korrektur.

Wie soll ich mich im Wahlteil B entscheiden?
Triff schon, bevor du in die Prüfung gehst, eine Wahl, welche der drei möglichen Aufsatzformen dir am ehesten liegt. In der Prüfung musst du dir eine Zeit von ca. 10 Minuten einplanen, um die vorgegebenen Texte zu sichten, um dich endgültig zu entscheiden.

Darf ich während der Prüfung essen oder trinken?
Das ist sogar dringend zu empfehlen. Du musst dich vier Stunden lang intensiv konzentrieren, dabei verbrauchst du jede Menge Energie. Trinke regelmäßig kleine Mengen, damit du keine Kopfschmerzen bekommst. Bringe dir auch einen kleinen Snack mit (z. B. eine Banane oder einen Müsliriegel).

Wie viele Seiten muss ich schreiben?
Das ist pauschal nicht zu sagen. Die Aufgaben sind so konzipiert, dass du kaum unter vier Seiten bleiben wirst, wenn du alle Anforderungen berücksichtigst. Bedenke vor allem bei den Schreibaufgaben in Pflichtteil A 2 und im Wahlteil B, dass nicht das Motto „Je länger, umso besser!" gilt. Es kommt auf die Qualität deiner Texte an.

Wie wichtig sind eine ordentliche Darstellung und meine Schrift?
Viele Schülerinnen und Schüler schreiben den Prüfungsaufsatz zunächst als Konzept auf das grüne Papier, weil man so noch gut Ergänzungen und Umstellungen vornehmen kann, bevor man die fertigen Lösungen in gut lesbarer Schrift auf das weiße Reinschriftpapier überträgt. Du solltest das vorher unbedingt einmal ausprobieren, um abschätzen zu können, wie viel Zeit du für eine Reinschrift benötigst. Generell sollte dein Prüfungsaufsatz optisch einen guten Eindruck machen – ähnlich wie ein Bewerbungsschreiben.

Ist es schlimm, wenn ich nicht fertig werde?
Falls du nur mit der Reinschrift des Aufsatzes aus Wahlteil B nicht fertig wirst, das Konzept aber vollständig ausformuliert hast, vermerkst du unter deinem Aufsatz „Fortsetzung siehe Konzept" und markierst dort deutlich, ab wo es weitergeht. Das gibt dann höchstens einen geringen Notenabzug.
Die Zeiteinteilung solltest du während der Vorbereitung auf die Prüfung ebenfalls üben. Tipps und Hinweise hierzu bekommst du bei den Übungsaufgaben hier im Buch.

Gibt es Notenabzug wegen Rechtschreib- und Zeichenfehlern?
Ja. Du sollst in deinem Aufsatz auch zeigen, dass du regelkonform schreiben kannst. Verwende auch beim Üben für die Prüfung schon ein Rechtschreibwörterbuch, damit du fit im Nachschlagen bist.

Darf ich Pausen machen?
Du darfst den Prüfungsraum nur für einen schnellen Gang zur Toilette und natürlich nur alleine verlassen. Die Prüfungsaufsicht vermerkt in einem Protokoll, wie oft und wie lange du weg warst.

Was tun, wenn ich plötzlich alles vergessen habe?
Hier gilt vor allem: Ruhe bewahren. Atme ein paarmal kräftig durch. Trinke einen Schluck. Schließe kurz die Augen. Lege dir einen Satz zurecht, mit dem du dir selbst Mut machen kannst, z. B.: „Ich habe mich gut vorbereitet, deshalb schreibe ich eine gute Prüfung." Sage dir diesen Satz innerlich mehrmals vor.

B Anleitungen und Übungen zu den Prüfungsaufgaben

B 1 Schritt-für-Schritt-Übungen „Pflichtteil A1 Sachtext“

Der Pflichtteil A1 bezieht sich immer auf einen **Sachtext**. Die Prüfungsaufgabe lautet wortwörtlich „Sachtext: Aufgaben zum Textverständnis sowie zur Grammatik, Orthografie, Interpunktion, Syntax, Morphologie und Semantik“ (Begriffserklärungen siehe Glossar, Seite 134 ff.). Dieser Prüfungsteil ist in zwei Bereiche gegliedert. Ausgehend von einem Sachtext sind in Aufgabe 1 zuerst Aufgaben zum Textverständnis zu bearbeiten. Die Aufgabe 2 beinhaltet anschließend Aufgaben zum Sprachgebrauch.
Aber keine Sorge: In diesem Kapitel übst du zuerst, in welchen Schritten du den Inhalt eines Textes erschließen kannst. Auch für die Aufgaben 1 und 2 hast du in diesem Kapitel noch viel Hilfestellung. Die Tippkästen verweisen zudem oft auf zusätzliche Hilfestellungen im Glossar (siehe Seite 134 ff.).

Erster Schritt: Den Sachtext lesen
Der Sachtext ist ein Artikel von Hartmut Netz, der 2013 auf der Homepage des Naturschutzbunds Deutschland (NABU) veröffentlicht wurde.

1 Notiere zunächst stichwortartig, was dir zur **Überschrift** „Mit eingebautem Rückenwind. Elektroräder werden immer beliebter“ einfällt:

____

____

____

Markiere beim Lesen des Sachtextes alles, was dir auffällt (besondere Wörter, Fachbegriffe, Zwischenüberschriften, Hervorhebungen usw.). Nutze für Notizen die Spalte neben dem Text.
Wenn du beim Lesen des Sachtextes über dir unbekannte Wörter stolperst, dann schlage sie am besten gleich im **Wörterbuch** nach und notiere dir am Rand ihre Bedeutung.

Mit eingebautem Rückenwind. Elektroräder werden immer beliebter *Hartmut Netz (2013)*

Sparsam, schnell und ohne Stau: Elektroräder werden immer beliebter. Wer mit E-Bikes fährt, zeigt sich technikbegeistert und aufgeschlossen für moderne Mobilität. Welche verschiedenen Typen es gibt und worauf man beim Kauf achten sollte.

Während Verkehrspolitiker in Sonntagsreden immer wieder die elektromobile Zukunft beschwören, ist ihnen entgangen, dass Elektromobilität auf unseren Straßen längst alltäglich ist – allerdings nicht auf vier, sondern auf zwei Rädern. Bundesweit sind laut Zweirad-Industrie-Verband bereits über eine Million Fahrräder mit elektrischem Hilfsmotor unterwegs, sogenannte Pedelecs. Ihr angestaubtes Image als Mobilitätshilfe für alte Leute haben Elektroräder längst abgelegt. Wer mit dem Pedelec vorfährt, zeigt sich technikbegeistert und aufgeschlossen für moderne Mobilität. Und wer mit einem E-Lastenrad Pakete und Essen ausliefert, schont dabei das Klima.
Der Boom dürfte weiter anhalten, denn für das Elektrorad spricht vor allem seine hohe Alltagstauglichkeit. Auf dem Pedelec lässt sich der tägliche Weg ins Büro garantiert ohne Schwitzen zurücklegen, man steht nie im Stau, in der Stadt ist man auf Strecken von bis zu zehn Kilometern schneller am Ziel als

mit dem Auto und die lästige Parkplatzsuche entfällt auch. Das Bewältigen von Gegenwind und längeren Steigungen wird zum Kinderspiel.

In Regionen, die nur selten von Bus und Bahn frequentiert werden, bietet sich das Pedelec darüber hinaus als billige Alternative zum Pkw an. Während eine Akku-Ladung, die für etwa 50 Kilometer reicht, rund zehn Cent kostet, schluckt ein Kleinwagen für die gleiche Strecke Sprit im Wert von 4,50 Euro. Hinzu kommt, dass Pedelecs die Gegend nicht verlärmen und dort, wo sie gerade fahren, keine giftigen Abgase ausstoßen. [...]

Das E-Rad schließt die Lücke zwischen Fahrrad und Auto. Hinter dem Sammelbegriff „E-Rad“ verbergen sich allerdings höchst unterschiedliche Zweirad-Typen. Da wäre zum einen das klassische Pedelec mit einem 250-Watt-Hilfsmotor, der anspringt, sobald der Fahrer in die Pedale tritt. Die akkubetriebene Trethilfe verstärkt den Pedaldruck und schaltet bei Tempo 25 automatisch ab. Wer schneller fahren will, muss auf Muskelkraft umsteigen und das kann – je nach Gewicht des Rades – in die Beine gehen: Pedelecs wiegen zwischen 14 und 30 Kilo. Rechtlich gelten Pedelecs als Fahrräder und sind zulassungsfrei. Anders das sogenannte S-Pedelec mit einem 300 bis 500 Watt starken Motor, der die Tretkraft bis zu einer Geschwindigkeit von 45 Stundenkilometer verstärkt: S-Pedelecs gelten als Kleinkrafträder; um sie fahren zu dürfen, benötigt man Versicherungskennzeichen, Mofa-Prüfbescheinigung und Schutzhelm. Gleiches gilt für das sogenannte E-Bike, dessen Motor tretunabhängig bis auf Tempo 45 beschleunigt. E-Bikes und S-Pedelecs werden allerdings eher selten gekauft. Über 95 Prozent der Elektro-Fahrräder, die der Handel absetzt, sind klassische Pedelecs.

Die Preise im Handel liegen je nach Qualität zwischen 700 und 4.000 Euro. Ein hochwertiges Pedelec koste zwischen 2.200 und 2.700 Euro, schreibt die Stiftung Warentest, die 2011 zwölf gängige Pedelecs unter die Lupe nahm. Rahmen und Bremsen, die dem höheren Gewicht und der höheren Geschwindigkeit der Räder standhalten müssen, seien bei manchen Pedelecs zu schwach ausgelegt, heißt es im Testbericht. „Das beste Testergebnis brachten hydraulische Bremsen“, sagt Warentester Jürgen Tewes. Er rät, grundsätzlich im Fachhandel zu kaufen; dort werde das Pedelec optimal eingestellt und – falls nötig – fachkundig repariert. Die Stiftung Warentest rät, vor dem Kauf unbedingt eine ausgiebige Probefahrt zu machen.

Inzwischen gibt es jeden Fahrradtyp auch mit elektrischer Trethilfe, und die Wahl wird zusätzlich erschwert durch die verschiedenen Antriebsarten, die möglich sind. Sitzt der Motor in der Vorderrad-Nabe, lässt er sich problemlos mit einer Rücktrittbremse kombinieren, die viele Radler nicht missen wollen. Ist der Motor in der Radmitte am Tretlager montiert, glänzt das Pedelec durch besonders ausgewogene Fahreigenschaften. Elektroräder mit Heckmotor spielen ihre Stärken dagegen aus, wenn es bergauf geht.

Weiteres wichtiges Kaufkriterium: der Akku. Meist werden Lithium-Ionen-Akkus eingesetzt. Sie wiegen etwa drei Kilo und können zum Laden in der Regel abgenommen werden. Je nach Hersteller und Entladungsgrad muss der Akku zwischen zwei und acht Stunden an die Steckdose. Vollgeladen reicht er für 20 bis 100 Kilometer Fahrt – abhängig vom Geländeprofil, dem Gewicht des Fahrers und der Intensität der Tretunterstützung. [...]

Ist das passende Modell gefunden, heißt es erst einmal üben. Selbst erfahrene Radler müssen sich an das Fahrverhalten eines Pedelecs erst gewöhnen. Besonders gewöhnungsbedürftig: das vergleichsweise hohe Tempo, das plötzlich möglich ist. Autofahrer könnten mangels Erfahrung mit Elektrorädern deren Beschleunigung und Fahrgeschwindigkeit leicht unterschätzen, warnt die Versicherungsbranche. Pedelec-Fahrer seien deshalb einem höheren Unfallrisiko ausgesetzt. Die Unfallstatistik kommt jedoch zu anderen Ergebnissen: In Bayern etwa wurden im ersten Halbjahr 2012 insgesamt 6.186 Fahrradunfälle gezählt. Elektroräder waren in lediglich 76 davon verwickelt – das sind gerade einmal 1,2 Prozent.

[...]

Quelle: Hartmut Netz: Mit eingebautem Rückenwind. Elektroräder werden immer beliebter. Aus: Naturschutz heute. NABU Berlin 2013. Online unter: https://www.nabu.de/umwelt-und-ressourcen/verkehr/oepnv-umweltverbund/elektrofahrrad.html; Stand: 04.02.2022; gekürzte Version)

Zweiter Schritt: Überschriften finden

1 Um einen besseren Überblick über den Inhalt des Textes zu bekommen, ist es sinnvoll, den einzelnen Textabschnitten jeweils eine Überschrift zu geben. Dieser Artikel gliedert sich in sieben Textabschnitte a) – g).

TIPP Überschriften finden

Um für einen Textabschnitt eine passende Überschrift zu finden, überfliegst du den Abschnitt am besten nochmals. Die meisten Abschnitte enthalten Schlüsselwörter, die sich gut für eine Überschrift eignen.

Gib jedem Textabschnitt eine Überschrift und notiere die Zeilenangabe.

a) Elektromobile Zukunft auf zwei Rädern (Z. 1 – 12)

b)

c)

d)

e)

f)

g)

Dritter Schritt: Den Inhalt mit einer Mindmap strukturieren

Im dritten Schritt fertigst du eine Mindmap an und fasst damit alle Informationen des Artikels gebündelt zusammen. In der folgenden Mindmap sind die wesentlichen Schlüsselbegriffe bereits eingetragen. Übertrage die Vorgaben auf ein separates Blatt und notiere Stichwörter zu den einzelnen Schlüsselbegriffen.

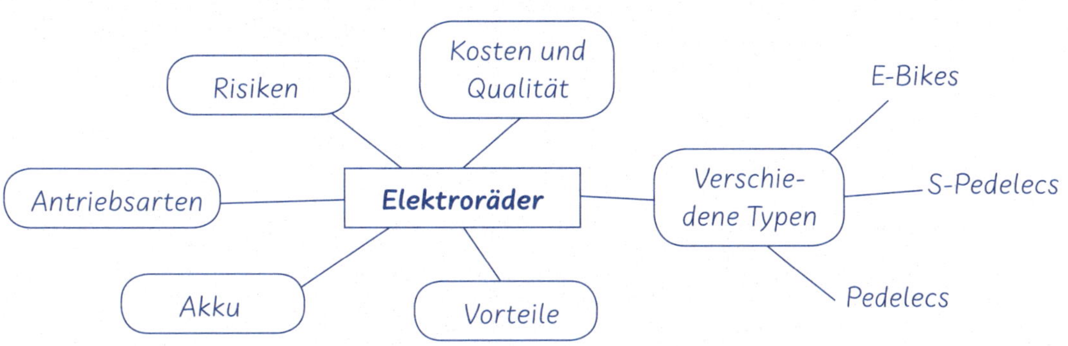

Test zum Textverständnis

Hast du den Artikel aufmerksam gelesen? Mit diesem Test kannst du selbst überprüfen, wie textfit du bist. Kreuze jeweils an.

		richtig	falsch
a)	Elektromobilität auf zwei Rädern ist auf unseren Straßen längst alltäglich.	☐	☐
b)	Elektroräder werden hauptsächlich von alten Leuten als Mobilitätshilfe genutzt.	☐	☐
c)	Das Pedelec bietet sich als billige Alternative zum Auto an.	☐	☐
d)	Elektroräder sind nicht alltagstauglich.	☐	☐
e)	Eine Akku-Ladung, die für circa 50 Kilometer reicht, kostet rund einen Euro.	☐	☐
f)	Die akkubetriebene Trethilfe beim klassischen Pedelec schaltet bei 30 km/h automatisch ab.	☐	☐
g)	Pedelecs gelten rechtlich als Fahrrad und dürfen ohne Führerschein gefahren werden.	☐	☐
h)	Um mit einem S-Pedelec fahren zu dürfen, benötigt man ein Versicherungskennzeichen.	☐	☐
i)	E-Bikes und S-Pedelecs werden sehr häufig verkauft.	☐	☐
j)	Elektroräder mit Heckmotor spielen ihre Stärken bergab aus.	☐	☐
k)	Vollgeladen reicht der Akku für 20–100 Kilometer Fahrt.	☐	☐
l)	Autofahrer überschätzen oft die Beschleunigung und Fahrgeschwindigkeit von Elektrorädern.	☐	☐

Überprüfe deine Antworten mithilfe des Lösungsheftes (siehe Seite 2). Für jede richtig angekreuzte Antwort erhältst du einen Punkt.

Auswertung:
12–10 Punkte: Gratuliere, du hast sehr genau gelesen!
9–7 Punkte: Nicht schlecht! Du hast den Artikel in wesentlichen Teilen richtig verstanden. Allerdings sind dir einige Details noch nicht ganz klar. Lies den Artikel nochmals genau durch!
6 und weniger Punkte: Du hast noch größere Lücken, was die Textkenntnis anbelangt. Lies den Artikel unbedingt nochmals aufmerksam durch und frage bei Verständnisschwierigkeiten deine Mitschüler oder deinen Deutschlehrer.

AUFGABE 1 – Textverständnis

Aufgabe 1 bezieht sich auf dein Textverständnis. Die Aufgaben setzen eine genaue Lektüre des Textes voraus und überprüfen, ob du Informationen aus dem Text entnehmen und verknüpfen kannst.

a) Berichtige drei der falschen Aussagen des Tests zum Textverständnis (siehe Test oben).

TIPP Aufgabenstellung erschließen

Was fordert die Aufgabe von dir? Markiere zur Bearbeitung der Aufgaben die Operatoren (siehe Seite 138) und die wichtigsten Informationen der jeweiligen Aufgabenstellung.

b) Beschreibe in wenigen Sätzen, was mit der Überschrift „Mit eingebautem Rückenwind" gemeint ist.

c) „Der Boom dürfte weiterhin anhalten, denn für das Elektrorad spricht vor allem seine hohe Alltagstauglichkeit." (Z. 13 f.)
Erläutere dieses Zitat.

d) Bringe die Begriffe „Akku" und „Geländeprofil" in Bezug auf den vorliegenden Artikel in einen Zusammenhang.

e) Notiere zwei Argumente, die einen Freund oder eine Freundin davon überzeugen, sich ein Pedelec zu kaufen.

TIPP Aufbau eines Arguments

Ein Argument besteht aus Behauptung/These, Begründung/Beleg und einem Beispiel.

f) Belege durch ein passendes Zitat, warum sich ein Elektrorad als günstige Alternative zum Pkw anbietet.

INFO Zitate

Die Wörter bzw. den Satz, die oder den du zitieren willst, setzt du in „Anführungszeichen" und gibst direkt dahinter in Klammern die Zeile an, z. B.: „Das E-Rad schließt die Lücke zwischen Fahrrad und Auto." (Z. 25)

g) Im Jahr 2020 wurden in Deutschland knapp 2 Millionen Elektroräder verkauft, ein neuer Rekordwert.
Wie bewertest du diesen Boom?
Schreibe in dein Heft.

INFO Der Operator „bewerten“

Der Operator „bewerten“ (siehe Seite 138) fordert von dir:
- eigene Maßstäbe/Meinung einbeziehen
- eine begründete Einschätzung mit Pro- oder Kontraargumenten

AUFGABE 2 – Sprachgebrauch

In Aufgabe 2 musst du Aufgaben zum Sprachgebrauch bearbeiten. Dein Sprach- und Rechtschreibwissen wird überprüft. Diese Aufgaben beziehen sich teilweise auf den vorangegangenen Sachtext „Mit eingebautem Rückenwind“.

a) Notiere für die folgenden Wörter jeweils zwei Synonyme. Der Ausdruck soll anstelle des eigentlichen Wortes in den Satz passen.

– beschwören (Z. 5): ______

– angestaubtes (Z. 9): ______

– lästige (Z. 17): ______

– schluckt (Z. 22): ______

– absetzt (Z. 39): ______

– Tempo (Z. 38): ______

b) Erkläre, mit welcher Rechtschreibstrategie du die markierte Schreibung der folgenden Wörter prüfen kannst. Hinweis: In manchen Fällen benötigst du zur Erklärung auch mehrere Strategien.

TIPP Rechtschreibstrategien

Hier helfen dir die Rechtschreibstrategien Ableiten, Verlängern, Dehnung, Zerlegen oder die Silbenprobe weiter.

– Ka<u>tz</u>e: ______

______

– Wal<u>d</u>weg: ______

______

– Ke<u>nn</u>tni<u>ss</u>tand: ______

______

– Die<u>b</u>: ______

______

– Fah<u>rr</u>ad: ______

______

– U<u>h</u>rwerk: ______

______

c) Markiere in jedem Satz die Verbform und bestimme die Tempusform.

– Mit dem Elektrorad steht man nie im Stau.

____

– Eine Akku-Ladung, die für 50 Kilometer Wegstrecke reichte, hat rund 10 Cent gekostet.

____

INFO Tempus

Es gibt sechs verschiedene Zeitformen (lat.: Tempora): Präsens, Präteritum, Perfekt, Plusquamperfekt, Futur 1, Futur 2 (siehe Seite 142).

– Selbst erfahrene Radfahrer werden sich erst an das Fahrverhalten eines Pedelecs gewöhnen müssen.

____

– Die meisten Käufer eines Elektrorads hatten vor dem Kauf eine ausgiebige Probefahrt gemacht.

____

– Laut Unfallstatistik sind Pedelec-Fahrer einem höheren Unfallrisiko ausgesetzt.

____

– Der Ausstoß von giftigen Abgasen wird vermutlich stark reduziert worden sein.

____

d) Trage die Satzglieder der folgenden Sätze in das Feldermodell* ein und bestimme sie anschließend.

1. Wir haben in der Sporthalle Fußball gespielt.
2. Ella bringt zur Geburtstagsfeier einen Kuchen mit.
3. Das Malen im Kunstunterricht hat mir besser gefallen als das Erledigen der Matheaufgaben.
4. Im September wird Max in Stuttgart eine Ausbildung zum Schreiner beginnen.

TIPP Satzglieder

Folgende Satzglieder solltest du kennen: Subjekt, Prädikat, Objekte, adverbiale Bestimmungen (siehe Seite 139).

	Vorfeld	linke Satzklammer**	Mittelfeld***	rechte Satzklammer**	Nachfeld
1. Satz					
Satzglieder		*Prädikat*			
2. Satz					
Satzglieder	*Subjekt*				
3. Satz		*hat*			
Satzglieder					
4. Satz	*Im September*				
Satzglieder					

* In diesem Feldermodell fehlt das Koordinationsfeld, da es in den Beispielsätzen kein Satzglied dafür gibt. Ein Feldermodell mit Koordinationsfeld findest du auf Seite 25. ** Die Satzklammer wird auch Verbklammer genannt. *** Im Mittelfeld können mehrere Satzglieder stehen.

e) Unterstreiche und bestimme die Adverbialsätze.

– Ich ziehe mir eine dicke Jacke an, da ich friere.

___

– Während sie zur Schule läuft, pfeift Anna ein Lied.

___

INFO Adverbialsätze

Adverbialsätze sind Nebensätze anstelle von adverbialen Bestimmungen, z. B. Lokalsatz, Temporalsatz, Modalsatz, Kausalsatz (siehe Seite 134).

– Theo hat sich eine Brille gekauft, damit er besser sehen kann.

___

– Wohin es in den Urlaub geht, entscheidet immer meine Mutter.

___

– Obwohl ich keine Lust habe, muss ich die Spülmaschine ausräumen.

___

– Elias verbessert seine Zeit im 1000-m-Lauf, indem er regelmäßig trainiert.

___

f) Forme den Satz in die geforderten Formen und Zeiten um.

Mara und Luise backen einen Kuchen.

– (Perfekt + Aktiv): ___

– (Präteritum + Passiv): ___

– (Präsens + Passiv): ___

– (Plusquamperfekt + Aktiv): ___

– (Perfekt + Passiv): ___

– (Futur 1 + Passiv): ___

– (Futur 2 + Passiv): ___

g) In diesen Sätzen fehlen die Kommas. Setze die Kommas und notiere, welche Regel du anwendest.

– Das sind die Schuhe die Marie sich am Wochenende gekauft hat.

___

INFO Kommasetzung

Ein Komma trennt Satzreihen (HS + HS), Satzgefüge (HS + NS) und Aufzählungen, Appositionen und Interjektionen.

– Das Geschenk welches Max zum Geburtstag bekommt ist in grünes Papier verpackt.

___

– Das Kleid steht ihr gut aber der Rock steht ihr noch besser.

___

– Das Buch das du mir geliehen hast ist sehr spannend.

– Felix kauft Spaghetti Tomaten Käse und Eiscreme ein.

– Wir fahren mit dem Fahrrad an den See deshalb solltest du unbedingt eine Badehose einpacken.

– Frau Hoch hat zwei Kinder einen Sohn und eine Tochter.

– Das ist das T-Shirt das wie ich finde gut zu meiner neuen Hose passt die ich mir erst letzte Woche gekauft habe.

---

h) Bestimme die Wortarten im folgenden Satz.

Der kleine Hase rennt blitzschnell über das Feld, da er gerade von einem Fuchs verfolgt wird.

B 2 Angeleitete Prüfungsaufgabe „Pflichtteil A1 Sachtext"

In diesem Kapitel übst du die Bearbeitung des Pflichtteils A1 „Sachtext" an einem weiteren Prüfungstext. Genau wie im vorherigen Kapitel bekommst du in Aufgabe 1 Fragen zum Textverständnis gestellt und bearbeitest in Aufgabe 2 Aufgaben zum Sprachgebrauch.
Halte für die Bearbeitung eine Uhr bereit, mit der du deine Arbeitszeit für die einzelnen Schritte ermitteln kannst. Insgesamt stehen dir in der Prüfung für alle drei Prüfungsteile 240 Minuten (= 4 Zeitstunden) zur Verfügung. Für den **Pflichtteil A1** solltest du deshalb nicht länger als etwa **60 – 70 Minuten** brauchen.
Falls du nicht das gesamte Kapitel am Stück bearbeiten kannst oder magst, notiere dir am besten die benötigte Arbeitszeit für die erledigten Schritte, um am Ende deine Gesamtarbeitszeit ausrechnen zu können. Halte auch einige Farbstifte bereit und sorge für eine ungestörte Arbeitsatmosphäre. Los geht's!

Erster Schritt: Vorüberlegungen zu Titel und Grafik

AUFGABEN

1 Beachte zunächst nur die Überschrift „Warum Sie ihr Kind ins Ausland schicken sollten" und notiere:
- Würdest du gerne ein Schuljahr im Ausland verbringen?
- In welches Land würdest du reisen?
- Warum würdest du dieses Land für deinen Auslandsaufenthalt auswählen?
- Kennst du jemanden, der ein Schuljahr im Ausland verbracht hat? In welchem Land war er oder sie?

2 Betrachte die Grafik und notiere:
- Welche drei Länder waren im Schuljahr 2014/15 die beliebtesten Gastländer?
- Warum waren diese drei Länder bei deutschen Austauschschülern und -schülerinnen wohl so beliebt?
- An welcher Position ist das Land aufgeführt, in das du gerne reisen würdest?
- In welchem der aufgeführten Länder würdest du nur ungern ein Schuljahr verbringen wollen? Warum?

LÖSUNGSHILFE

Du kannst bezüglich Titel und Illustration natürlich nur Vermutungen anstellen. Es geht hier hauptsächlich darum, dich auf das Thema des Sachtextes einzustimmen.

Warum Sie Ihr Kind ins Ausland schicken sollten

Friederike Lübke, 24.01.2016

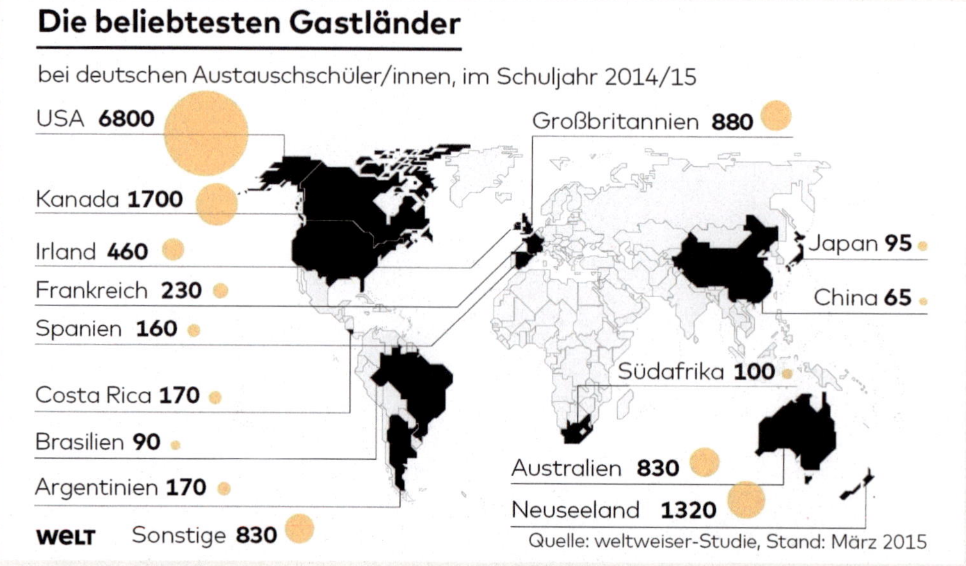

Es gibt tausend Möglichkeiten, ins Ausland zu gehen – vor allem aber nach dem Abitur oder während des Studiums. Der Austausch für Schüler verliert an Beliebtheit. Dabei gibt es gute Gründe dafür.

Die elfte Klasse in den USA verbringen. Mit 17 für drei Monate nach London ziehen oder als Zehntklässler ein halbes Jahr in China leben. Möglichkeiten gibt es viele. Doch der Schüleraustausch hat gelitten – unter der Verkürzung der Schulzeit durch G8, aber auch durch die Konkurrenz nach der Schulzeit: Au-pair, Gap Year, Work and Travel. In vielen Studiengängen ist ein Auslandsaufenthalt ebenfalls vorgesehen.

Insgesamt geht die Zahl der Austauschschüler seit vier Jahren zurück. Im Schuljahr 2014/15 beteiligten sich rund 18.000 deutsche Schüler an einem mindestens dreimonatigen Austausch, ergab eine Studie des Bildungsberatungsdienstes Weltweiser. Einige Hundert weniger als in den Vorjahren – und 2000 weniger als in den Schuljahren 2009/10 und 2010/11.

Während Schulabsolventen und Studenten umworben werden, scheint das bei Schülern weniger der Fall zu sein. Dabei sollen sie gerade aufgrund ihres Alters ins Ausland gehen: „Es ist sinnvoll, so früh wie möglich interkulturelle Erfahrungen zu machen. Im Alter zwischen 14 und 16 Jahren sind Jugendliche viel aufnahmefähiger als später“, sagt Uta Wildfeuer, Repräsentantin des Arbeitskreises gemeinnütziger Jugendaustauschorganisationen (AJA). „Das kann man nach der Schule nur schwer aufholen.“ Die Erfahrung im Ausland präge auch den weiteren Lebensweg – zum Beispiel, wenn man sich für einen internationalen Studiengang entscheide, den man sonst nicht gewählt hätte. […]

Ähnlich argumentiert auch Markus Ingenlath, Generalsekretär des Deutsch-Französischen Jugendwerkes (DFJW). „Es ist nicht hoch genug einzuschätzen, wie sehr es einen motiviert, die Fremdsprache zu lernen“, sagt er. „Man bekommt einen ganz anderen Schub in der Sprache.“

[…]

Auch die interkulturelle Erfahrung hält er für wichtig: „Austausch ist etwas ganz, ganz Wichtiges, um die Willkommenskultur voranzutreiben. Wenn man einmal fremd war, geht man ganz anders mit Fremden um“, so Ingenlath. Die Zeit im Gastland ermögliche es einem, „mit der Brille des anderen auf das eigene Land zu sehen“. Zumal nicht nur der Schüler etwas lernt, sondern auch seine Familie, wenn sie anschließend einen Austauschschüler bei sich aufnimmt. Französische Schüler interessieren sich gerade mehr für Deutschland als umgekehrt, hat Ingenlath beobachtet.

Auch die Forschung legt nahe, dass das Selbstwertgefühl durch die Zeit im Ausland wächst. Eine Studie deutscher und niederländischer Wissenschaftler kam zu dem Ergebnis, dass sich Austauschschüler nach ihrer Zeit im Ausland positiver einschätzten als ihre Mitschüler zu Hause. Besonders diejenigen, die schon vorher ein gutes Selbstbild hatten, profitieren von der Zeit. Die positive Entwicklung war auch ein Jahr nach der Rückkehr noch zu sehen.

Rudimentäre Sprachkenntnisse sollten Schüler aber haben, bevor sie einen Aufenthalt planen. Etwa zwei Schuljahre Unterricht sind ein guter Anfang, findet DFJW-Generalsekretär Ingenlath. Wer nicht genug Erfahrung mitbringt, kann die Sprache oft mit Kursen im Gastland vertiefen. Ob ein Kind reif genug für die Auslandszeit ist, müssen die Eltern selbst einschätzen. „Wenn die Tochter oder der Sohn es sich zutrauen, sollte man ihnen vertrauen“, sagt

AJA-Repräsentantin Wildfeuer. Austauschorganisationen hätten bei der Vorbereitung auch einen guten Blick dafür. […]

Schüleraustauschprogramme dauern in der Regel zwischen zwei Wochen und einem Jahr. Gleich zwölf Monate zu gehen, findet Wildfeuer sinnvoll. Nur so könne man in eine Kultur eintauchen und zum Beispiel alle Feiertage und Feste miterleben. Ingenlath empfiehlt einen Aufenthalt von mehr als einem Monat, denn die ersten vier Wochen brauche man, um sich einzugewöhnen. Je nach Organisation fährt eine ganze Schulklasse oder Gruppe ins Ausland, ein Schüler kann dies aber auch allein tun.

Rund ein Drittel der Austauschschüler ging im vergangenen Schuljahr in die USA – das Land liegt damit weit vor allen europäischen Nachbarländern, ergab die Weltweiser-Studie. Auch exotischere Länder wie Japan oder China, Brasilien oder Südafrika sind vertreten, allerdings nur mit weniger als 1000 Schülern insgesamt.

Das GLS Sprachenzentrum Berlin vermittelt zum Beispiel Schüler zwischen 15 und 18 Jahren, die schon Grundkenntnisse in Japanisch haben, nach Tokio oder Kyoto. Mit dem Austauschprogramm des Rotary Clubs kann man unter anderem ein Jahr in Chile oder Venezuela verbringen, und beim AJA steht 2016 im Zeichen des chinesisch-deutschen Austausches. […]

Schüleraustausch kann jedoch teuer werden. Für Länder wie Irland, Neuseeland oder Kanada muss man laut Weltweiser-Studie mit bis zu 14.000 Euro pro Schuljahr rechnen. Eltern müssen den Aufenthalt allerdings nicht allein finanzieren. Die Zahl der finanziellen Hilfen und Stipendien ist groß. Auslands-BAföG kennen zwar häufig nur Studenten, Schüler können es aber auch beantragen, zum Beispiel Gymnasiasten für ein Jahr Schulbesuch in den Vereinigten Staaten während der Oberstufe.

Einzelne Bundesländer fördern ebenfalls. Der Stadtstaat Hamburg etwa, wo der Schüleraustausch dazu beitragen soll, dass „möglichst viele Schülerinnen und Schüler … eine Schule im Ausland besuchen", zahlt zwischen 1500 und 5000 Euro für ein Auslandsschuljahr, je nachdem, was die Eltern verdienen und wie groß die Familie ist. Gefördert werden Kinder, wenn das Einkommen beider Eltern weniger als 4000 Euro brutto im Monat beträgt.

Auch Alleinerziehende oder Familien mit mehreren Kindern können so einen Schüleraustausch planen. Für Schüler in Sachsen gibt es Vollstipendien einschließlich Hin- und Rückflug für einen vierwöchigen Aufenthalt im Ausland. Und wer als „Botschafter Bayerns" für ein Jahr ins Ausland geht, wird ebenfalls unterstützt.

Zudem lohnt es sich, nachzusehen, ob Schulen im Wunschland Stipendien für Austauschschüler anbieten. Eine Übersicht über verschiedene, ortsunabhängige Stipendien findet man beispielsweise auf www.schueleraustausch-portal.de oder über die Websites der Bildungsministerien der Bundesländer.

Quelle: Friederike Lübke: Warum Sie Ihr Kind ins Ausland schicken sollten. Aus: Die WELT, 24.01.2016. Online unter: https://www.welt.de/wirtschaft/karriere/bildung/article151387915/Warum-Sie-Ihr-Kind-ins-Ausland-schicken-sollten.html; Stand: 24.02.2022 (gekürzte Version)

Zweiter Schritt: Den Sachtext lesen

1 Lies den ganzen Sachtext ein- bis zweimal durch. Mach dir in der Spalte neben dem Text Notizen zu:
- Gibt es auffallende Wörter/Ausdrücke? → Markiere diese farbig.
- Welche Wörter verstehst du nicht? → Schlage im Wörterbuch nach.
- An welchen Stellen bist du hängen geblieben? Warum?
- Über welche Gastländer wird konkret berichtet?
- Was ist das Fazit des Textes? → Notiere es in einem Satz.

Dritter Schritt: Den Inhalt durch Zwischenüberschriften strukturieren

1 Ordne die vorgegebenen Zwischenüberschriften den jeweiligen Abschnitten zu. Achtung: Drei Überschriften passen nicht!

Wichtig für die Willkommenskultur, Australien ist das beliebteste Land, Verringertes Selbstwertgefühl, Tausend Möglichkeiten, Finanzierung, Notwendige Sprachkenntnisse, Rückläufige Zahlen, Aufenthaltsdauer, Gesteigertes Selbstwertgefühl, Vielfältige Gastländer, Austausch kann bis zu 20.000 Euro kosten, Jugendliche sind aufnahmefähiger

- Abschnitt 1 (Z. 1–9): ______________________
- Abschnitt 2 (Z. 10–14): ______________________
- Abschnitt 3 (Z. 15–28): ______________________
- Abschnitt 4 (Z. 29–36): ______________________
- Abschnitt 5 (Z. 37–43): ______________________
- Abschnitt 6 (Z. 44–51): ______________________
- Abschnitt 7 (Z. 52–58): ______________________
- Abschnitt 8 (Z. 59–68): ______________________
- Abschnitt 9 (Z. 69–90): ______________________

Benötigte Zeit: *Für den ersten, zweiten und dritten Schritt habe ich ______ Minuten benötigt.*

Zwischencheck Inhalt

2 Bevor du dich an den nächsten Schritt machst, kannst du mit dem Zwischencheck überprüfen, ob du den Inhalt des Artikels richtig verstanden hast und gründlich gelesen hast.

		richtig	falsch
a)	Der Schüleraustausch hat beispielsweise unter der Verkürzung der Schulzeit durch G8 gelitten.	☐	☐
b)	Die Zahl der Austauschschüler steigt seit Jahren stetig an.	☐	☐
c)	Rund ein Drittel aller Austauschschüler und -schülerinnen ging im Schuljahr 2014/15 nach Japan.	☐	☐
d)	In vielen Studiengängen ist ebenfalls ein Auslandsaufenthalt vorgesehen.	☐	☐
e)	Die Willkommenskultur kann man nur vorantreiben, wenn jeder im eigenen Land bleibt.	☐	☐
f)	Es ist sinnvoll, gleich 24 Monate am Stück ins Ausland zu gehen.	☐	☐
g)	Für den teuren Auslandsaufenthalt können finanzielle Hilfen, wie Auslands-BAföG oder Stipendien, beantragt werden.	☐	☐

Überprüfe deine Antworten mithilfe des Lösungsheftes (siehe Seite 4). Für jede richtig angekreuzte Antwort erhältst du einen Punkt.

Auswertung:
7 – 5 Punkte: Du bist ein Lesedetektiv! Du kannst dich an die Aufgaben 1 und 2 wagen.
4 – 3 Punkte: Schon ganz gut, aber ein paar Details hast du überlesen. Sieh besser noch mal nach.
2 – 0 Punkte: Hast du den Sachtext mehrmals und aufmerksam gelesen? Lies am besten noch einmal!

AUFGABE 1 – Textverständnis

a) „Der Austausch für Schüler verliert an Beliebtheit. Dabei gibt es gute Gründe dafür.“ (Z. 2 f.) Nenne drei dieser Gründe.

b) Erläutere, inwiefern ein Auslandsaufenthalt helfen kann, die Willkommenskultur zu verbessern.

c) „Auch die Forschung legt nahe, dass das Selbstwertgefühl durch die Zeit im Ausland wächst.“ (Z. 37 f.) Woran kann das liegen? Beschreibe mögliche Gründe.

d) Eine Schülerin, die momentan die 10. Klasse eines Gymnasiums in Hamburg besucht, möchte das 11. Schuljahr in Amerika verbringen. Ihren Eltern ist der Auslandsaufenthalt jedoch zu teuer. Zeige die finanziellen Unterstützungsmöglichkeiten auf, die diese Familie in Anspruch nehmen kann.

e) Dein Freund Elias ist sich nicht sicher, ob er von einem Auslandsschuljahr wirklich profitiert. Notiere zwei Argumente, die ihm helfen, eine Entscheidung zu treffen.

f) Belege durch ein passendes Zitat, warum sich eine längere Aufenthaltsdauer im Gastland anbietet.

Benötigte Zeit: *Für die Aufgabe 1 „Textverständnis“ habe ich ____ Minuten benötigt.*

AUFGABE 2 – Sprachgebrauch

a) Formuliere die folgende Aussage in indirekter Rede. Verwende den Konjunktiv I.

Markus Ingenlath sagt: „Es ist nicht hoch genug einzuschätzen, wie sehr es einen motiviert, die Fremdsprache zu lernen. [...] Man bekommt einen ganz anderen Schub in der Sprache.“ (Z. 26 f.)

b) Wandle die folgenden Sätze zu Partizipialsätzen um.

TIPP Partizipialsätze

Wenn du dir beim Bilden von Partizipialsätzen unsicher bist, dann schlage im Glossar auf Seite 138 nach und erkundige dich noch einmal über das Thema.

- Timo schnaufte vor Anstrengung und musste erst einmal Luft holen.
- Leni eilte zum Bahnhof und erwischte den Zug noch.
- Der dreijährige Junge hatte die Zähne schon geputzt und musste gleich ins Bett.
- Anne hielt die Luftpumpe in den Händen und wollte damit ihren Fahrradreifen aufpumpen.
- Nachdem Thomas 10 Kilo abgenommen hatte, passte er endlich wieder in seine Lieblingshose.
- Paul spielte mit dem Hund und rannte über die Wiese.

c) Formuliere die Sätze im Passiv.

1. Auch Schüler können Auslands-BAföG beantragen.

2. Der Stadtstaat Hamburg zahlt zwischen 1.500 und 5.000 € für ein Auslandsschuljahr, je nachdem, was die Eltern verdienen.

3. Die Jugendlichen vertiefen im Gastland ihre Sprachkenntnisse oft mit zusätzlichen Kursen.

d) Bestimme die Tempusform des Beispielsatzes und forme ihn in die fünf weiteren Zeitformen um.

Mia hat einen Apfel gegessen.

Tempus: ______

–

Tempus: ______

–

Tempus: ______

–

Tempus: ______

–

Tempus: ______

–

Tempus: ______

e) Unterstreiche und bestimme in jedem Satz das Attribut.

- Das Auto meines Vaters hat einen Motorschaden.

- Der Mann dort hinten ist mein Onkel.

- Der Hund mit dem weißen Fell heißt Oscar.

- Der Käsekuchen, den wir gebacken haben, war sehr lecker.

TIPP Attribute

Informationen zu Attributen findest du im Glossar auf Seite 134.

– Meine große Schwester will sich ein blaues Kleid kaufen.

____

– Unsere Klassenlehrerein hat zwei Kinder, einen Sohn und eine Tochter.

____

____

f) Trage die Satzglieder der folgenden Sätze in das Feldermodell ein und bestimme sie anschließend.

1. In meiner Freizeit gehe ich gerne einkaufen oder lese entspannt auf dem Sofa ein Buch.
2. Lukas cremt seine Arme mit Sonnencreme ein, damit er dort keinen Sonnenbrand bekommt.

	Koordina-tionsfeld	Vorfeld	linke Satz-klammer	Mittelfeld	rechte Satz-klammer	Nachfeld
1. Satz						
Satzglieder						
2. Satz						
Satzglieder						

g) Bestimme die korrekte Schreibweise des unterstrichenen Wortes und benenne die angewandte Rechtschreibstrategie/Rechtschreibregel.

– Die positive Entwicklung war auch ein Jahr nach der <u>Rückehr/Rückkehr</u> noch zu sehen.

____

– Jugendliche sind viel <u>aufnahmefähiger/aufnamefähiger</u>.

____

– Nur so kann man zum beispiel / zum Beispiel alle Feiertage und Feste <u>miterleben / mit erleben</u>.

____

____

h) Forme die Sätze in die indirekte Rede um.

– „In den Ferien will ich nach Italien reisen“, sagt Maren.

– Louis ruft: „Ich habe Hunger.“

– Selina meint: „Um pünktlich in der Schule zu sein, muss ich um 6:38 Uhr den Zug erwischen.“

– „Die Klassenarbeit war so schwer“, jammert Simon.

---

i) Bestimme bei den folgenden Sätzen Satzart und -funktion.

– Kann ich morgen um 16 Uhr zu dir kommen?

– Räumt bitte sofort die Spülmaschine aus!

– Ich will heute früh ins Bett, da ich morgen schon um 5 Uhr aufstehen muss.

– Backt Oma Hilde wieder einen Apfelkuchen?

– Mach bitte das Fenster zu! Es zieht!

– Alex hat blonde Haare und einen Bart.

– Mir ist heiß! Ich schwitze sehr!

Benötigte Zeit: *Für die Aufgabe 2 „Sprachgebrauch“ habe ich ______ Minuten benötigt.*

Auswertung der Arbeitszeit

Es ist sicher interessant, deine benötigte Gesamtarbeitszeit zu ermitteln. In der unten stehenden Tabelle sind schon die Zeiten eingetragen, welche du in der Prüfung zusätzlich einplanen solltest. Übertrage die einzelnen Zeitabschnitte, die du für die Bearbeitung des Sachtextes „Warum Sie Ihr Kind ins Ausland schicken sollten“ benötigt hast, in die Tabelle:

Arbeitsschritt	**Zeit**
– Vorarbeit: Erster bis dritter Schritt	
– Aufgabe 1 „Textverständnis“	
– Aufgabe 2 „Sprachgebrauch“	
– eine kurze Pause	5 Minuten
– Puffer	5 Minuten
Summe Gesamtarbeitszeit	

Zur Erinnerung: Du hast für diesen Pflichtteil in der Prüfung **60 – 70 Minuten** Arbeitszeit zur Verfügung. Liegst du mit deinem aktuellen Ergebnis wesentlich über dieser Zeitspanne? Dann untersuche genau, bei welchen Schritten du noch viel Zeit benötigst. Übe diese Schritte gezielt.

B 3 Strategien und Übungen für die Arbeit mit der Ganzschrift

Im Pflichtteil A2 geht es um die Ganzschrift (Prüfungslektüre), die im Unterricht erarbeitet wird. Das Kultusministerium hat für das Schuljahr 2022/23 **zwei Ganzschriften** zur Wahl gestellt:
- „Blackbird“ von Matthias Brandt und
- „Nathan und seine Kinder“ von Mirjam Pressler.

Deine Schule hat sich für eine dieser beiden Lektüren entschieden, dies erfährst du über deine Deutschlehrkraft.
In der Prüfung wirst du zu deiner Ganzschrift Aufgaben bekommen, in denen du inhaltliche Zusammenhänge, Entwicklungen, Veränderungen, Sprachbilder und Ähnliches verschriftlichen musst. Des Weiteren wirst du dich bei einer dieser Aufgaben produktiv mit einer vorgegebenen Textstelle oder einer geschilderten Situation aus der Lektüre auseinandersetzen und dazu einen eigenen Text verfassen.

INFO Zeit beachten

Beachte schon bei deiner Vorbereitung für die schriftliche Deutschprüfung die Zeit, die du für die einzelnen Aufgaben benötigst. In der Prüfung selbst wirst du für alle Bereiche vier Zeitstunden zur Verfügung haben, dementsprechend bleiben dir für den Prüfungsteil A2 etwa 45 bis 60 Minuten. Beantworte daher die einzelnen Aufgaben präzise und gehe nur auf das ein, was die Aufgabe auch von dir verlangt.

Im folgenden Kapitel lernst du **hilfreiche Strategien** kennen, die dir helfen, die Inhalte der Ganzschrift gut zu erfassen und zu sichern. Anschließend erfährst du, welche **üblichen Aufgabenformate des produktiven Schreibens** es gibt und wie sie sich voneinander unterscheiden.

Strategie: Schwierige und unbekannte Wörter verstehen

Die grundlegende Voraussetzung für das Beantworten der Aufgaben im Prüfungsteil A2 ist deine genaue und detaillierte Textkenntnis. Dazu gehört zunächst das Verstehen auf der sprachlichen Ebene, d. h., dass du die Ganzschrift sehr genau liest und **Wörter**, die du nicht kennst, **nachschlägst** oder erfragst. Gerade klassische Lektüren zeichnen sich dadurch aus, dass sie in einer ganz anderen Form der deutschen Sprache verfasst sind, die den meisten Jugendlichen nicht geläufig ist.
Verwende für das Nachschlagen und Recherchieren dieser Wörter und Begriffe das Internet. Achte darauf, dass die Bedeutungsvorschläge zum Textzusammenhang passen, denn es gibt für manche Wörter unterschiedliche Bedeutungen. Schreibe dir die passende Bedeutung stichwortartig in deine Lektüre als Randnotiz. Eine zweite Möglichkeit ist das Lesen des gesamten Abschnittes. Lies den ganzen Satz, in dem sich das dir unbekannte Wort befindet, und den darauffolgenden Satz. Oftmals kann man dann anhand der aufgeführten Beschreibungen die Bedeutung des unbekannten Wortes besser erkennen.

Strategie: Den Inhalt des Buches erfassen

In der Prüfung darfst du das Buch benutzen, mit dem du im Unterricht gearbeitet hast. **Eigene Randnotizen**, **Markierungen** und **kurze Anmerkungen** im Buch sind in Stichworten ausdrücklich erlaubt, nicht jedoch eine komplette Zusammenfassung oder Theoriewissen über z. B. Zitierweisen oder produktive Textsorten. Ebenso dürfen keine Haftnotizen oder andere Hilfsmittel wie Büroklammern usw. verwendet werden.

INFO Lektüre wird eingesammelt

Ein oder zwei Tage vor der Deutschprüfung wird deine Deutschlehrkraft alle Lektüren einsammeln und auf unzulässige Eintragungen (z. B. kompletter Aufsatz, ausführliche Zusammenfassung) hin kontrollieren. Achte auf die Vorgaben, ansonsten wird deine Lektüre nicht zur Prüfung zugelassen. Wenn alles in Ordnung ist, erhältst du deine eigene Ausgabe in der Prüfung.

Damit du dich während der Prüfung innerhalb des Buches schnell orientieren kannst, solltest du in der Vorbereitung mit verschiedenen Markierungen arbeiten. Jede Lektüre beinhaltet bestimmte Themenschwerpunkte, auf die man sich beim Lesen fokussiert, z. B. Entwicklung von Hauptpersonen, sprachliche Bilder/Symbole. Jedem dieser Themenschwerpunkte sollte eine Farbe zugewiesen werden, mit der du passende Inhalte im Buch kennzeichnest. Daneben gibt es entscheidende Schlüsselstellen für die Handlung und Kernaussagen, die z. B. umrandet werden.

Seiten, auf denen wichtige Ereignisse beschrieben werden, kannst du mit einer Überschrift oder zusammenfassenden Stichworten versehen. So kannst du die wichtigsten Informationen zur Handlung und zur Hauptfigur schnell und gezielt auffinden.

Wie du jetzt schon siehst, muss eine Ganzschrift anders gelesen und bearbeitet werden als ein Buch, das du in der Freizeit liest. Du musst den Inhalt des Buches genau erfassen. Dazu gehört, dass du Handlungszusammenhänge und Veränderungen der Hauptfigur(en) erkennst.
Im Hinblick auf deine Prüfung kannst du Folgendes tun:

Eine Möglichkeit ist das **Anfertigen einer Tabelle**, in der du nach dem Lesen jedes Kapitels
- jedem Kapitel eine Überschrift gibst, die dessen Inhalt gut abbildet,
- passende Stichworte oder Schlüsselbegriffe zu dem Kapitel notierst und
- die wichtigsten Inhalte des Kapitels zusammenfasst.

HINWEIS Lektüre ohne Kapitel

Wenn deine Lektüre nicht in Kapitel eingeteilt ist, musst du dir eigene Sinnabschnitte setzen. Es bietet sich an, immer einen Cut zu setzen, wenn etwas Neues im Handlungsverlauf beginnt, z. B. ein neuer Handlungsort, ein neues Ereignis oder das Hinzukommen einer neuen Figur, die für den Handlungsverlauf wichtig ist.

Kapitel/ Seiten	**Überschrift**	**Stichworte/ Schlüsselbegriffe**	**Inhalt**

Mit dieser Strategie kannst du dir einen guten Überblick über den Handlungsverlauf verschaffen. Die zeitliche Abfolge der einzelnen Ereignisse wird sichtbar. Du erkennst, ob es in einer Lektüre **Rückblenden**, also zurückliegende Erzählungen, oder eine **Vorausschau** gibt.

TIPP Handlungsverlauf

Du kannst die Zusammenfassungen zum Handlungsverlauf stichwortartig in deine Lektüre übernehmen. So kannst du dich in der Prüfung schneller orientieren.

Neben diesen Handlungsinhalten gibt es übergeordnete Themen, die im Buch eine wichtige Rolle spielen: Bei der Lektüre „Nathan und seine Kinder" geht es beispielsweise neben der Frage nach der wahren Religion um Toleranz und Nächstenliebe.
Derartige Schwerpunktthemen kannst du ebenfalls in der Tabelle unter „Stichworte/Schlüsselbegriffe" schreiben. Im Anschluss, wenn du das ganze Buch durchgelesen und die Inhalte in der Tabelle festgehalten hast, solltest du dich mit diesen übergeordneten Themen noch einmal gesondert auseinandersetzen. Dies geschieht sicherlich in deinem Deutschunterricht.

Eine weitere Möglichkeit, den Inhalt der Lektüre zu sichern, ist das **Arbeiten mit wichtigen Textstellen** aus dem Buch. Es handelt sich dabei um Schlüsselmomente und Formulierungen, die für den gesamten Handlungszusammenhang wichtig sind. Nicht selten sind dies Formulierungen, die mit dem Titel inhaltlich zusammenhängen. Markiere diese Textstellen (wie in der vorherigen Strategie erklärt) und schreibe dir inhaltliche Erklärungen als Randnotiz dazu.
Trainiere mithilfe dieser Textstellen dein Wissen über den Inhalt der Lektüre, indem du ausgehend von diesem Zitat den inhaltlichen Zusammenhang erklärst und aufschreibst. Dies kann dir im Besonderen helfen, die produktive Schreibaufgabe gezielt anzugehen. Denn bei dieser Aufgabe musst du einen genauen Überblick darüber haben, was bis zur Zitatstelle oder zum beschriebenen Ereignis schon geschehen ist und welchen Wissensstand die einzelnen Personen haben.

TIPP Textkenntnis weiter überprüfen

Schlage das Buch an einer beliebigen Stelle auf, lies einen Abschnitt und erzähle dir dann selbst, was davor und danach geschieht. Wiederhole die Übung mit verschiedenen Textstellen. Du kannst dir auch jemanden suchen, der dich auf diese Weise abfragt.

Strategie: Die Personen im Buch genau kennenlernen

Neben dem Inhalt musst du dich mit den handelnden Figuren des Buches auseinandersetzen. Vor allem die Hauptpersonen spielen eine wichtige Rolle für das Thema des Buches und den Handlungsverlauf. Teile der gestellten Prüfungsaufgaben können sich mit diesen Personen, ihren Charakteren, Wertevorstellungen und Handlungsweisen beschäftigen. Auf jeden Fall musst du bei der produktiven Schreibaufgabe aus Sicht einer Person aus dem Buch schreiben.
Um die einzelnen Informationen zu den Personen gezielt festzuhalten, gibt es verschiedene Möglichkeiten.

Eine Möglichkeit ist das Anfertigen einer **Personen-Mindmap** (siehe Beispiel unten). Hierdurch kannst du nicht nur alle handelnden Figuren der Lektüre sichtbar machen, sondern auch Zusammenhänge zwischen den Personen erfassen. Diese visuelle Darstellungsform gibt dir am Ende einen umfassenden Überblick. Beachte auch hier, unterschiedliche Farben und Formen einzusetzen, je nachdem in welchem Zusammenhang diese Figuren stehen, z. B. Hauptfigur(en), Nebenfiguren, Gegner oder Personen, die einem bestimmten Ort, einer bestimmten Familie oder einem bestimmten Stand/Beruf angehören. Diese Zuordnung ist je nach Lektüre unterschiedlich.

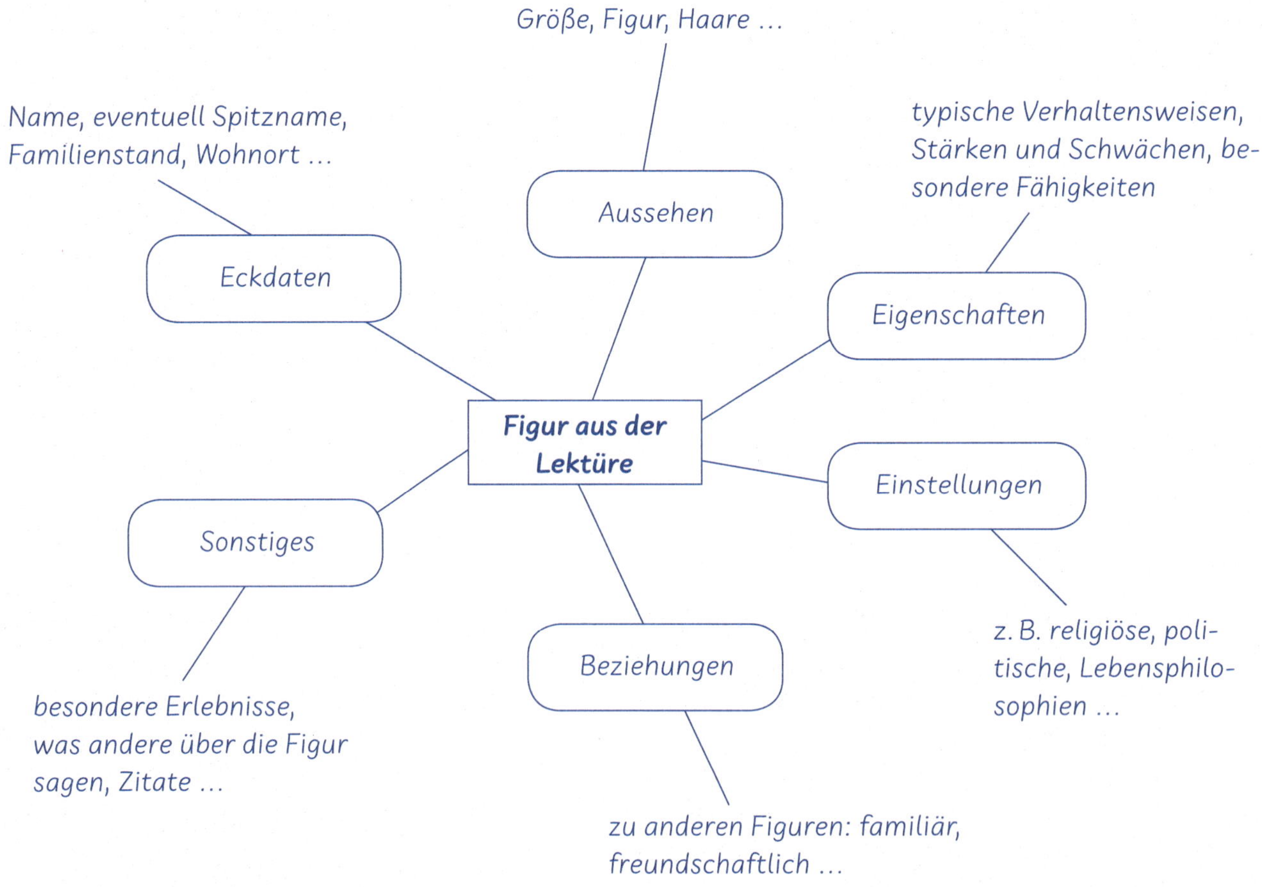

TIPP Steckbrief zu einer Person

Lege dir ein A5- oder A4-Blatt bereit, wenn du deine Lektüre liest. Immer wenn du im Buch einen wichtigen Inhalt zu der jeweiligen Person findest, schreibst du ihn zusammen mit der Seitenzahl auf dein extra Blatt. Für jede Person legst du ein neues Blatt an. Am Ende schreibst du mithilfe dieser Notizen einen genauen Steckbrief.

Eine weitere Möglichkeit ist das Schreiben von **Steckbriefen** zu den wichtigsten handelnden Personen des Buches. Es kommt darauf an, dass du übergeordnete Begriffe wählst, die die Person vollständig darstellen (siehe Beispiel auf Seite 30, unten). Du kannst deinen Steckbrief erweitern, indem du besondere Formulierungen und Textstellen hinzufügst, die die jeweilige Person z. B. immer wieder selbst verwendet oder die die Person sehr gut abbilden. Befasse dich intensiv mit den Personen, vor allem mit den Hauptpersonen des Buches: Was erleben sie? Welche Beziehung haben sie zu anderen Figuren? Welche Eigenschaften haben sie? Wie denken und sprechen sie?

Strategie: Merkmale der Textsorten kennen

Bislang hast du dich vor allem mit der Handlung und den handelnden Personen auseinandergesetzt. Wichtig ist aber auch, dass du Wissen über die Textsorten hast, die mit einer Lektüre verbunden sind.

Es gibt Ganzschriften, die eine besondere Textsorte abbilden oder verschiedene Textsorten beinhalten. Ersteres erkennt man oft bereits im Nebentitel: Bei manchen Lektüren handelt es sich um eine Parabel oder eine Novelle. Das Wissen über die Merkmale dieser speziellen Textsorten ist für dein Verstehen des inhaltlichen Zusammenhangs und der Botschaft, die die Geschichte hat, sehr wichtig. Schau dir daher auch den genauen Titel an.
Daneben kann es im Buch selbst verschiedene Textsorten geben, z. B. Abschnitte, die in Form von Artikeln, Gesetzestexten oder Briefen geschrieben sind. Auch dieses Wissen ist wichtig, um den Handlungszusammenhang zu verstehen.

Für die produktive Schreibaufgabe musst du Wissen über die Textsorten haben, die von dir in der Aufgabe gefordert werden können: ein **innerer Monolog**, ein **Tagebucheintrag**, ein **Brief**, ein **Gespräch** oder eine **Rede**. Auch andere Textsorten sind denkbar. Bislang beschränkt sich diese Prüfungsaufgabe allerdings auf die fünf genannten Möglichkeiten. Um dir noch einmal einen kurzen Überblick über die Merkmale dieser Texte zu verschaffen, löst du die folgende Aufgabe.

1 Lies die aufgeführten Merkmale in den Kästen durch und notiere **alle richtigen** auf einem separaten Blatt.

Innerer Monolog
ähnelt einem Selbstgespräch ++ ist ein Dialog mit einer anderen Person ++ wird fast immer in der Ich-Form geschrieben ++ sehr förmlich ++ sehr persönlich ++ gibt Einblick in die tiefsten Geheimnisse eines Menschen ++ gibt die Gedanken und Gefühle einer Person wieder ++ ähnelt sehr der gesprochenen Sprache ++ alle Sätze müssen vollständig sein ++ kann unvollständige Sätze enthalten ++ kann Flüche, Freudenrufe und Ähnliches enthalten ++ im Aufbau ist eine strikte Reihenfolge einzuhalten ++ kann Fragen an sich selbst enthalten ++ Gedanken können springen, abbrechen, wiederholt werden ++ je nachdem, worüber die Person nachdenkt (Vergangenes, Gegenwärtiges, Zukünftiges), kann sich die Zeitform ändern ++ Zeitform immer Präsens

Tagebucheintrag
ähnelt einem inneren Monolog ++ muss immer mit „Liebes Tagebuch" beginnen ++ kann mit „Liebes Tagebuch" beginnen, wenn das zur schreibenden Person passt ++ das Tagebuch kann einen Namen haben ++ das Tagebuch muss einen Namen haben ++ wird meist in der Ich-Form geschrieben ++ der Tagebucheintrag trägt das Datum der Prüfung ++ kann das Datum tragen, an dem die Person es laut Aufgabenstellung schreibt ++ hat nie mehr als eine Seite ++ kann unvollständige Sätze enthalten ++ handelt von den Gedanken, Gefühlen, Ängsten und Geheimnissen einer Person ++ setzt sich immer nur mit Vergangenem auseinander ++ kann Vergangenes, Gegenwärtiges und für die Zukunft Geplantes enthalten ++ im Aufbau ist eine strikte zeitliche Reihenfolge einzuhalten ++ Gedanken können springen ++ kann Fragesätze enthalten ++ alle Fragen müssen beantwortet werden ++ alle Zeitformen können vorkommen ++ Zeitform immer Präteritum

Brief
hat normalerweise eine Anrede, ein Datum und am Ende eine Grußformel ++ fängt immer mit „Sehr geehrte/-r ..." an ++ die Sprache ist immer sehr förmlich und höflich ++ die Sprache richtet sich nach dem Adressaten, je nachdem, ob man an einen Freund, einen guten Bekannten, einen Fremden, eine offizielle Stelle usw. schreibt ++ Aufbau je nach Lust und Laune ++ Briefe müssen so kurz wie möglich sein ++ normalerweise klarerer Aufbau als bei innerem Monolog und Tagebucheintrag ++ enthält häufig Verweise auf gemeinsam Erlebtes ++ beachten, welches Vorwissen Schreiber und Adressat haben ++ Fragen sind unhöflich ++ Fragen an den Adressaten sind möglich ++ alle Zeitformen sind möglich ++ Briefe schreibt man im Futur

Gespräch
grundsätzlich in reinstem Hochdeutsch ++ die Personen reden meist so, wie sie auch normalerweise reden würden ++ die Sprache der Personen richtet sich häufig danach, wer ihr Gesprächspartner ist ++ die Gesprächspartner lassen einander ausreden ++ alle Sätze sind vollständig ++ Sätze können unvollständig sein ++ jeder drückt sich so klar aus, dass der Gesprächspartner alles sofort versteht ++ es dürfen nur Fakten angesprochen werden ++ Vermutungen, Vorwürfe, Fragen, Entschuldigungen usw. kommen vor ++ die Gefühle der Gesprächspartner können durch Worte, Pausen und Ausrufe zum Ausdruck gebracht werden ++ die Gesprächspartner haben sehr sachlich zu bleiben ++ die Gesprächsanteile der Personen müssen gleich lang sein ++ am Ende müssen sich die Gesprächspartner versöhnen ++ alle Zeitformen können vorkommen ++ Gespräche schreibt man im Präsens

Rede
ist langweilig ++ beginnt mit „Liebes Publikum" ++ beginnt mit einer Begrüßung der Zuhörer ++ die Sprache richtet sich danach, wer die Zuhörer sind (Adressatenbezug) ++ die Sprache ist sehr gestelzt ++ die Sprache ist näher an der Schriftsprache als beim inneren Monolog und beim Tagebuch ++ wird meist in der Ich-Form geschrieben ++ hat einen klaren Aufbau ++ bei einer Rede sagt man kreuz und quer, was einem gerade so einfällt ++ wird normalerweise schriftlich vorbereitet (Redner hat einen Zettel / ein Manuskript vor sich) ++ darf keine Fragen enthalten ++ kann Fragen enthalten ++ während einer Rede kann man die Zuhörer ab und zu direkt ansprechen („Wie Sie ja wissen ... / Wie ihr ja wisst ... Sicher haben Sie schon einmal ... / Sicher habt ihr schon einmal ...") ++ Reden stehen im Präteritum ++ kann alle Zeitformen enthalten

Eine produktive Schreibaufgabe bearbeiten

Die produktive Schreibaufgabe setzt an **Leerstellen** der Ganzschrift an, d.h., sie bezieht sich auf Lücken in der Handlung, die du kreativ füllen sollst. In der Prüfung wird dann von dir erwartet, dass du einen Text verfasst, den auch der Autor des Buches geschrieben haben könnte. Dabei ist es wichtig, den in der Aufgabe genannten **Schreibanlass zu beachten** (z.B. Reflexion einer Figur oder Austausch zweier Figuren) und deinen Aufsatz **im Handlungsablauf richtig zu verorten**. Der Blick der Figuren ist dabei oft auf das bereits Geschehene gerichtet. Wichtig ist, dass du nicht einfach aus der Perspektive einer Figur nacherzählst, sondern die Figur **über das Vergangene nachdenken** lässt. Der Blick kann aber auch **auf Zukünftiges gerichtet** sein, wenn z.B. eine Figur einen Ausweg aus einer problematischen Situation sucht. Dabei ist es wichtig, dass du die **Charaktere (auch sprachlich) möglichst authentisch** darstellst. Dein Text, der eine vom Autor offengelassene Leerstelle ausfüllen soll, muss mit dem **Inhalt deiner Ganzschrift übereinstimmen**, also mit dem weiteren Verlauf stimmig sein. Als mögliche Textsorten können von dir u.a. ein **Tagebucheintrag**, ein **innerer Monolog**, ein **Brief**, eine **Rede** oder ein **Gespräch** verlangt werden.

Es gibt also ganz schön viel zu beachten! Am besten gehst du bei der Bearbeitung einer Schreibaufgabe gezielt in **einzelnen Schritten** vor. Präge dir die Abfolge des Vorgehens schon jetzt beim Üben ein, dann sollte dir das in der Prüfung ganz leicht von der Hand gehen.
Die **produktive Schreibaufgabe** kann aus einem **Zitat** aus der Ganzschrift und einem Arbeitsauftrag oder aus einem Ereignis aus dem Buch bestehen.

INFO Länge deines Prüfungsaufsatzes

Häufig wird gefragt: Wie lang muss mein Aufsatz für die Prüfung sein? Leider lässt sich diese Frage nicht leicht beantworten. Ein sehr langer Text wird nicht automatisch besser bewertet als ein kürzerer. Ein langer Aufsatz, in dem es vor Wiederholungen und unklaren Formulierungen wimmelt, ist nicht besser als ein kürzerer mit einigen guten Ideen und Formulierungen.
Wichtig beim Bearbeiten der Aufgabe ist vor allem, dass du dich nicht verzettelst. Deshalb solltest du dir die Aufgabenstellung genau anschauen und beim Bearbeiten darauf achten, dass du inhaltlich exakt auf diese eingehst.

Strategie: Bearbeitung einer produktiven Schreibaufgabe

In den folgenden **fünf Schritten** übst du ganz systematisch und mit vielen Hilfestellungen eine Aufgabe, wie sie in der Prüfung auf dich zukommen kann.

INFO Zeiteinteilung

In der Prüfung hast du für den Prüfungsteil A2 etwa 45 bis 60 Minuten Zeit. Achte daher bei der Bearbeitung der produktiven Schreibaufgabe darauf, dass du dir die Zeit gut einteilst, und gehe nur auf das ein, was die Aufgabe von dir verlangt.

Erster Schritt: Die Aufgabe analysieren

Lies die Aufgabe immer sehr genau und mehrmals. In der Aufregung kannst du bei der Prüfung leicht Teile der Aufgaben übersehen oder Hinweise zur Lösung nicht wahrnehmen. Lass dir deshalb an dieser Stelle viel Zeit und beginne mit einer sorgfältigen Analyse der Aufgabenstellung.

- Arbeite mit drei verschiedenen Farben: Umrahme bei der Aufgabenstellung zur produktiven Schreibaufgabe das Textzitat oder das beschriebene Ereignis mit der ersten Farbe, die Erklärung dazu mit der zweiten und den Arbeitsauftrag mit der dritten Farbe. Dann liest du die Aufgabe noch einmal genau durch und unterstreichst alles Wichtige. Welche Textsorte ist gefordert? Worauf musst du achten?

- Suche die Textstellen im Buch und lies noch einmal genau nach. Danach solltest du die folgenden Fragen beantworten können:

a) Wo befindet sich das Zitat in meiner Ganzschrift?
b) In welcher Umgebung befindet sich die Person / befinden sich die Personen?
c) Was ist kurz vor dem Textzitat aus der Prüfungsaufgabe passiert? Was passiert direkt danach?
d) Welche Ereignisse, Erlebnisse und Vorkommnisse gab es?
e) In welcher emotionalen Verfassung befindet sich die Person / befinden sich die Personen?

Zweiter Schritt: Die Textstelle untersuchen

Mach dir nun im nächsten Schritt möglichst genau bewusst, an welcher **Stelle des Handlungsverlaufs** das angegebene Zitat steht. Dann solltest du **überfliegend** nochmals **nachlesen**. Hier macht sich deine **gute Vorarbeit** bezahlt: Wenn du die wichtigsten Textstellen bereits farbig markiert hast und du einen guten Überblick über die Gesamthandlung hast, solltest du die folgende Aufgabe leicht lösen können.

Dritter Schritt: Eine Stoffsammlung anlegen

Im nächsten Schritt überlegst du dir, wie du die produktive Schreibaufgabe **inhaltlich füllen** kannst. Hierzu solltest du eine **Stoffsammlung** in **Stichworten** anlegen. Dabei kannst du von den **Schlüsselbegriffen** ausgehen, die du in der Aufgabenstellung markiert hast, du kannst aber auch weitere einfügen. Überlege dir, ob sich ein **Oberbegriff** zu allen Schlüsselbegriffen finden lässt.

- Die Stoffsammlung kannst du mit Mindmaps, Tabellen, Clustern, Karteikarten usw. anlegen. Finde heraus, was für dich am besten ist. Verwende hierzu ein Konzeptpapier, nicht den Reinschriftbogen.

Vierter Schritt: Den Text ausformulieren

Nach diesen Vorarbeiten machst du dich ans **Ausformulieren der geforderten Textart, z. B. eines Tagebucheintrags**. Schau dir **vorher** noch einmal die **Merkmale der Textsorte** an (dazu hast du die Übung auf Seite 31 f. gemacht). Benutze jetzt deine Stoffsammlung bzw. Gedanken von Schritt drei. Bring deine Notizen zunächst in eine sinnvolle Reihenfolge, indem du sie **durchnummerierst**, so wie sie in deiner produktiven Schreibaufgabe erscheinen sollen. Du arbeitest deine Stoffsammlung also nicht einfach von oben bis unten ab, sondern überlegst dir, wo die einzelnen Punkte stehen sollen, und nummerierst sie dementsprechend.

Fünfter Schritt: Den Aufsatz überprüfen und überarbeiten

Jetzt in der Übungsphase kannst du etwas tun, was in der Prüfung nicht möglich ist: Nachdem du den Text das erste Mal durchgelesen hast, Fehler korrigiert hast, die dir aufgefallen sind, kannst du ihn **mehrere Stunden liegen lassen**, vielleicht sogar über Nacht. Mit etwas zeitlichem Abstand findet man Schwachstellen leichter.
Dann machst du dich an die **Überprüfung** und **Überarbeitung** deines Textes. Diesen letzten Schritt solltest du keinesfalls weglassen, denn auch jeder professionelle Autor feilt und arbeitet lange an einem Text, bis er fertig ist. Durch eine Überarbeitung kannst du deinen Text oft wesentlich verbessern. Bei der Überarbeitung solltest du die drei folgenden Schwerpunkte immer im Blick haben:

- **Inhalt überprüfen:** Ist das in der Aufgabe dargestellte Problem bzw. die beschriebene Situation umfassend aufgegriffen, d. h. mit allen Bezügen (zu verschiedenen Figuren, zu vorangegangenen Ereignissen, mit zukünftigen Auswirkungen)? Sind die Personen in ihrem Charakter und ihrer Ausdrucksweise stimmig mit der Textvorlage?
- **Form überprüfen:** Sind die Kriterien der Textsorte durchgehend eingehalten?
- **Sprachrichtigkeit überprüfen:** Sind Rechtschreibung und Zeichensetzung korrekt?

Die folgende Checkliste hilft dir bei der genauen Überarbeitung und Überprüfung:

CHECKLISTE zur Überarbeitung von Texten (Aufgabentyp 2)

Überprüfung des Inhalts	erfüllt	nicht erfüllt
✓ Habe ich die Aufgabenstellung umgesetzt (Gefühle, Gedanken, Fakten, Erinnerungen, Überlegungen und Vermutungen eingebaut, die zur Situation passen)?	☐	☐
✓ Habe ich nur Fakten eingebaut, die die Figuren tatsächlich kennen?	☐	☐
✓ Passt mein Aufsatz nahtlos an die vorgegebene Stelle im Buch? Hätte dein Text so auch in der Ganzschrift stehen können?	☐	☐
✓ Gibt es unterschiedliche Gefühle? (Das sollte so sein.)	☐	☐
✓ Gibt es unabsichtliche Wiederholungen von Gedanken oder ganzen Passagen? (kürzen und streichen)	☐	☐
Überprüfung der Form		
✓ Hast du in der Ich-Form geschrieben? (Das sollte so sein.)	☐	☐
✓ Klingt die Sprache natürlich oder zu hochtrabend oder gestelzt?	☐	☐
✓ Gibt es unabsichtliche Wortwiederholungen? (kürzen und streichen)	☐	☐
✓ Passt die Sprache zu den Figuren, zum Buch und zu der Zeit, in der die Handlung spielt?	☐	☐
✓ Hast du (bezogen auf die Reinschrift) leserlich und ordentlich geschrieben?	☐	☐
Überprüfung der Sprachrichtigkeit		
✓ Hast du rechtschreibschwierige Wörter nachgeschlagen?	☐	☐
✓ Stimmt die Zeichensetzung?	☐	☐

Im Anschluss daran kannst du die Punkte überarbeiten, bei denen du „nicht erfüllt" angekreuzt hast. Dies kann bedeuten, dass du einzelne Teile deines Textes **ganz streichst** und sie **neu formulierst**. Das kann aber auch bedeuten, dass du fehlende Teile **ergänzt** und sie an den entsprechenden Stellen **einfügst**. Bei weiteren Abschnitten kann es genügen, einzelne Wörter oder Sätze zu ergänzen bzw. **auszutauschen**. Es lohnt sich, **gründlich** zu sein und nochmals etwas Anstrengung und Kraft zu investieren, denn nur so wirst du dein optimales Leistungsvermögen abrufen.

B 4 Aufgaben zur Ganzschrift „Blackbird" (Matthias Brandt)

In diesem Kapitel setzt du dich anhand verschiedener Aufgaben zu den Strategien mit der Ganzschrift „Blackbird" von Matthias Brandt auseinander. Alle Seitenangaben in den folgenden Übungen beziehen sich auf die Ausgabe, die 2021 bei Kiepenheuer & Witsch erschienen ist (ISBN: 978-3-462-00142-6). Die Lösungshilfekästen helfen dir bei Unsicherheiten. Halte für die Bearbeitung eine Uhr bereit, mit der du die Arbeitszeit für die einzelnen Schritte ermitteln kannst. Das ist wichtig, um nach und nach ein Gefühl für die Bearbeitungszeit von **45 bis 60 Minuten** (maximal eine Zeitstunde) für die produktive Schreibaufgabe in der Prüfung zu bekommen.

CHECKLISTE fürs Üben

Das solltest du parat haben:

- ✓ Ganzschrift
- ✓ Farbstifte
- ✓ Textmarker
- ✓ Papier
- ✓ Schreibzeug
- ✓ ruhiger Arbeitsplatz
- ✓ Uhr

Übung zur Strategie: Schwierige und unbekannte Wörter verstehen

Wie im vorigen Kapitel beschrieben, ist dies eine grundlegende Voraussetzung für das Verständnis jeder produktiven Schreibaufgabe. Daher solltest du bereits beim Lesen auf **schwierige und unbekannte Wörter achten**, diese direkt markieren und nachschlagen.

TIPP Während des Lesens

Halte schon beim Lesen der Ganzschrift einen Stift bereit, damit du schwierige und unbekannte Wörter markieren und deren Bedeutung als Randnotiz in deiner Lektüre vermerken kannst.

1 Finde mithilfe eines Wörterbuchs oder des Internets heraus, welches die passende inhaltliche Bedeutung der unterstrichenen Wörter ist.

a) „Irgendwie war es komisch, dass Walki und seine Brüder Uwe und Ludger so viel kifften und immer ein ziemliches Bohei machten, [...]." (S. 131)
b) „Jan hatte vorgeschlagen, Kragler erst mal ‚abzumelden', also die Nummernschilder von seinem Auto zu klauen, aber das fanden wir irgendwie zu piefig." (S. 135)
c) „Walki lächelte Kragler arglos an, der wand sich noch ein bisschen, konnte dann aber der Schleimerei nicht widerstehen." (S. 137)
d) „Komisch eigentlich, wie leicht das ging, einen Menschen aus seinem Leben zu bugsieren." (S. 147)
e) „Wäre ich ein Pferd, würde man sagen falb." (S. 163)
f) „Sag mal, wenn ein Mädchen mit dem man gerade Kaffee trinken war, unwirsch ist, wie kriegt man die dann eigentlich wieder wirsch." (S. 168)
g) „Den Anfang bekam ich nicht mit, aber anscheinend hatte sie ihn gefragt, ob er glaubte, dass man jemanden auch verglimpfen könne." (S. 183)
h) „Abwarten, die Quacksalber machen lassen, und hoffen, dass der Spuk irgendwann vorbei war." (S. 191)
i) „He, pass doch auf du Flegel!", rief er mir nach. (S. 200)
j) „Meinhardt schnaubte wie ein alter Klepper, den man vor dem Saloon angebunden hatte, und stand erst mal unschlüssig im Flur herum." (S. 213)
k) „Bei Meinhardt und Gitti war dicke Luft, sodass es sich anfühlte, als ob man durch den Flur waten müsste, und ich dachte, [...]." (S. 213)
l) „Wir hatten aber mal einen Referendar gehabt, der bei den Kommunisten war, MSB Spartakus oder wie die Graupen hießen, und der das auch rumerzählte." (S. 214)
m) „Er sah aus wie ein tanzender Hinkelstein." (S. 222)
n) „Ist bekömmlicher, weil die da die Stiele und Stengel nicht mitkeltern." (S. 245)
o) „Und weil dann ein paar Leute gemeint hatten, dass das vielleicht ein ganz guter Abschluss für die Chose gewesen war, [...]." (S. 267)
p) „[...] das Zeug brannte mir fast den Schlund weg, und dann küssten wir uns." (S. 275)

2 Leite die inhaltlich passende Bedeutung der unterstrichenen Wörter aus dem Textzusammenhang ab.

a) „Seit einer Weile versuchte Jan das wettzumachen, zum Beispiel dadurch, dass er rauchte wie ein Schlot, Selbstgedrehte.“ (S. 33)
b) „Aus Kraglers Aktentasche waberte der saure Teewurstmief seines Pausenbrots.“ (S. 138)
c) „Ich muss um 16:30 Uhr weg, keine Diskussion, da will ich eure Visagen nicht mehr sehen.“ (S. 138)
d) „Als er weg war, geierten Jan und Walki sich einen ab, […].“ (S. 138)
e) „Walki schlotterte vor sich hin, und Jan rauchte noch eine.“ (S. 144)
f) „Volker nannten wir immer Pattex, weil man ihn, wenn man sich einmal auf ein Gespräch eingelassen hatte, praktisch nicht mehr loswurde.“ (S. 181)
g) „Ich konnte Steffi anrufen und sie fragen, ob sie sich heute Abend nach ihrer Arbeit in der Umleitung mit mir zulöten wollte.“ (S. 188)
h) „Das Geländer knarzte immer bedrohlicher, und kurz hatte ich die Hoffnung, dass es abbrechen und Elvis in die Tiefe stürzen würde.“ (S. 244)

Übungen zur Strategie: Den Inhalt des Buches erfassen

TIPP

Markiere dir bereits beim Lesen der Ganzschrift mit verschiedenen Stiften oder Textmarkern folgende Aspekte:
- Personen: Eigenschaften, Entwicklungen, Veränderungen
- sprachliche Bilder/Symbole
- Schlüsselereignisse
- …

1 Alle Kapitel des Romans sind mit ausgeschriebenen Zahlen nummeriert. Zusätzlich wird mit einer Zeitangabe in Form der Monate gekennzeichnet, wann die Ereignisse passieren.
Ergänze in der unten stehenden Tabelle noch fehlende Überschriften, damit du einen besseren Überblick hast, was in dem Kapitel passiert.

Kapitel (Seiten)	**Zeitangabe** Überschrift (selbst formuliert)
1 (S. 5 – 11)	**Mitte August**
2 (S. 12 – 39)	**Mitte September** *Erster Krankenhausbesuch / Erster Besuch bei Bogi*
3 (S. 40 – 47)	**Ende September**
4 (S. 48 – 66)	**Ende September**
5 (S. 67 – 73)	**Erster Oktober** *Brief an Jacqueline*
6 (S. 74 – 89)	**Anfang Oktober** *Walki der Postbote / Walki als Briefträger*
7 (S. 90 – 97)	**Anfang Oktober**

Kapitel (Seiten)	**Zeitangabe** Überschrift (selbst formuliert)
8 (S. 98 – 107)	**Mitte Oktober**
9 (S. 108 – 126)	**Mitte Oktober** *Der Kinobesuch / Das „Date"*
10 (S. 127 – 144)	**Anfang November**
11 (S. 145 – 169)	**Anfang Dezember**
12 (S. 170 – 186)	**Mitte Februar** *Bogi ist wieder zu Hause und der neue Plattenladen*
13 (S. 187 – 201)	**Ende Mai**
14 (S. 202 – 210)	**Ende Mai, selber Tag**
15 (S. 211 – 234)	**Ende Mai, selber Tag** *Besuch bei Meinhardt Vogt*
16 (S. 235 – 251)	**Ende Mai, selber Tag**
17 (S. 252 – 276)	**Sechs Wochen später, Mitte Juli**

2 Überprüfe deine Textkenntnis. Kreuze richtig an!

	richtig	**falsch**	**kann nur vermutet werden**
a) Die Ereignisse beginnen Mitte August mit einem Anruf.	☐	☐	☐
b) Bogi ist zum Arzt gegangen, weil es ihm schlecht ging, und dabei wurde „Non-Hodgkin-Lymphom" festgestellt.	☐	☐	☐
c) Die Krebsart von Mottes bestem Freund ist gut heilbar.	☐	☐	☐
d) Motte und Bogi können im Krankenhaus nicht viel mit sich anfangen und ihre Beziehung verändert sich.	☐	☐	☐
e) Motte steckt die Trennung seiner Eltern und den Umzug mit seiner Mutter nicht so gut weg, wie er behauptet.	☐	☐	☐
f) Motte geht eine Beziehung mit Jacqueline Schmiedebach ein.	☐	☐	☐
g) Zur „Clique" von Bogi und Motte gehören auch Walki und Jan.	☐	☐	☐
h) Motte flüchtet nach dem Tod von Bogi und irrt umher.	☐	☐	☐
i) Jan und Walki verarbeiten die Krankheit von Bogi viel schlechter, weshalb sie ihn auch nicht so oft besuchen.	☐	☐	☐
j) Motte kommt, nachdem er nach Bogis Tod ins Freibad eingebrochen ist und sich völlig betrunken hat, in die Pädiatrische Psychiatrie.	☐	☐	☐
k) Motte flüchtet sich in den Alkohol, um seinen Schmerz zu betäuben.	☐	☐	☐
l) Bogi hatte schon genaue Vorstellungen für sein späteres Leben und wollte Biologie studieren.	☐	☐	☐

3 Der Titel des Romans heißt „Blackbird", was im Deutschen „Amsel" bedeutet.
a) Finde Textstellen, bei denen das Wort vorkommt.
b) Überlege, weshalb das Buch so heißt.
c) Für was könnte die Amsel ein Symbol sein?
Schreibe deine Gedanken in das Cluster.

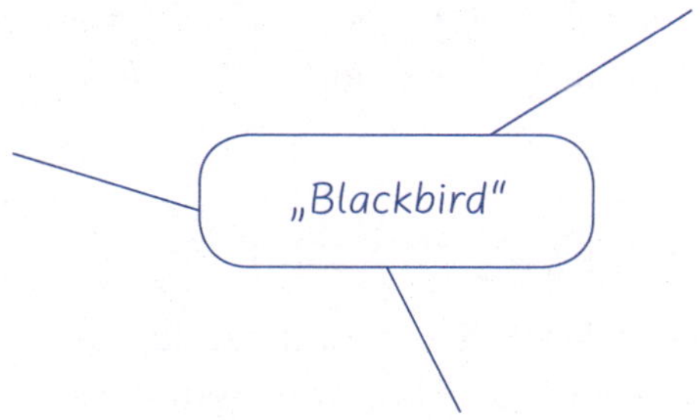

Übung zur Strategie: Die Personen im Buch genau kennenlernen

1 Sammle Informationen zu den im Wortfeld unten genannten Personen. Zeichne zu jeder ein Cluster und trage Merkmale, Eigenschaften und Fakten darin ein. Hinter den Namen findest du in Klammern die Anzahl der einzelnen Informationen, die du zu der Person mindestens finden solltest. Vergleiche dann mit dem Lösungsheft.

Wenn du noch mehr tun willst, sammelst du Informationen zu weiteren Figuren, z. B. Gerhard Schumacher („Mottes" Vater), Jacqueline Schmiedebach, Steffi Fuchs.

Morton Schumacher („Motte") (25), Manfred Schnellstieg („Bogi") (20), Jan Borowka (10), Detlef Walkenhorst („Walki") (10)

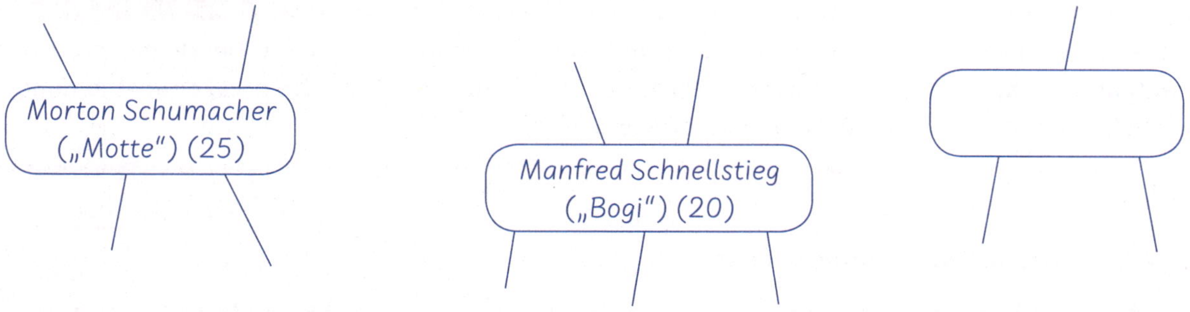

TIPP Faktenblätter zu den Personen

Lege dir DIN-A4-Blätter oder große Karteikarten bereit, wenn du das Buch liest. Jede Person erhält ein eigenes Blatt oder eine eigene Karte. Wenn du wichtige Informationen zu einer Person findest, trägst du sie immer sofort auf dem Blatt oder der Karte ein, am besten mit Seitenzahl. Das kannst du in Form von Mindmaps oder Listen machen. So hast du am Ende einen genauen Steckbrief für alle wichtigen Figuren aus dem Buch.

2 Die Beziehung zwischen Motte und Bogi verändert sich mit dem Auftreten seiner Krankheit und dem Krankenhausaufenthalt. Sammle Situationen im Buch, in denen diese Veränderung deutlich wird. Notiere die Textausschnitte, die diese Veränderung zeigen. Begründe deine Wahl.

Eine produktive Schreibaufgabe bearbeiten

Übung zur Strategie: Bearbeitung einer produktiven Schreibaufgabe

„Bogi wirkte total verändert. Er hatte nicht plötzlich eine Glatze bekommen, oder was wegen der Behandlung noch für Scheiß passieren konnte. Meine Mutter hatte mir da sonst was erzählt. Es war nichts Äußerliches. Sondern ... wie konnte man das jetzt sagen? Als ob er, obwohl er noch gar nicht lange hier war, schon hierhergehörte und nicht mehr zu unserer Welt, zu meiner Welt.“

Seite 24

AUFGABENSTELLUNG

Motte besucht das erste Mal seinen besten Freund Bogi und hat das Gefühl, als er ihn auf dem Bett sitzen sieht, dass dieser sich nicht nur äußerlich verändert hat. Ihm geht durch den Kopf, dass sein Freund nicht mehr in seine Welt passt, sondern in eine andere – die Welt im Krankenhaus.

Schreiben Sie diesen inneren Monolog (mindestens 150 Wörter).

Erster Schritt: Die Aufgabe analysieren

1
- Verwende drei Farben: Umrahme mit einer Farbe das Textzitat, mit der zweiten die Erklärung und mit der dritten Farbe die Arbeitsaufgabe.
- Lies dir dann die Aufgabe nochmals genau durch.
  - Welche Textsorte sollst du produzieren?
  - Was ist bei der geforderten Textsorte zu beachten?

Benötigte Zeit: *Für die Analyse der Aufgabe habe ich ______ Minuten benötigt.*

TIPP Strategie: Merkmale der Textsorten kennen

Nachdem du die Aufgabe genau analysiert hast und weißt, welche Textsorte du bei deiner produktiven Schreibaufgabe verfassen sollst, solltest du dir vor dem Schreiben die Textsorte noch einmal genauer anschauen. Schlage dazu in Kapitel B 3 die Seiten 31 und 32 auf.

Zweiter Schritt: Die Textstelle untersuchen

1 Nimm dir nun die Textstelle vor, schau deine Notizen im Buch an und bearbeite folgende Aufträge.
- Suche die Textstelle im Buch auf Seite 24, markiere sie und lies sie noch einmal genau durch. Überfliege auch die Seiten 21–31 noch einmal und schau dir die Notizen in deiner Ganzschrift an.
- In welcher Situation befindet sich Motte gerade?
- Was ist kurz vor dem Textzitat aus der Prüfungsaufgabe passiert? Was passiert direkt danach?
- Welche Ereignisse, Erlebnisse und Vorkommnisse gab es, bevor Motte Bogi das erste Mal im Krankenhaus besucht?
- In welcher emotionalen Verfassung befindet sich Motte, als ihm die Gedanken durch den Kopf gehen?

LÖSUNGSHILFE Inhalt des inneren Monologs

Je mehr Bezug dein innerer Monolog zum Buchinhalt hat, desto besser wird dein Aufsatz. Versuche, dich in Mottes Lage zu versetzen. Beachte aber, wann im Handlungsverlauf das Ereignis passiert, damit du nichts vorwegnimmst, was noch in der Zukunft liegt (vgl. B 5, Seite 51: TIPP „Stelle des Handlungsverlaufs“).

Benötigte Zeit: *Für die Untersuchung der Textstelle und der zusätzlich angegebenen Seiten habe ich ______ Minuten benötigt.*

Dritter Schritt: Eine Stoffsammlung anlegen

1 In der folgenden Mindmap sind bereits Ideen und Schlüsselbegriffe gesammelt worden, die dir bei der Bearbeitung der Aufgaben helfen können. Ergänze die Mindmap mit weiteren eigenen Ideen. Bei deinen Überlegungen kannst du folgendermaßen vorgehen:
- Welches ist die zentrale Aufgabe? Schreibe den Begriff oder das Thema als Überschrift auf bzw. ins Zentrum der Mindmap.
- Sammle nun möglichst viele Stichworte zu den Schlüsselbegriffen, indem du im Roman Stellen suchst, in denen Motte das Gefühl gehabt haben könnte, dass sich seine und Bogis Freundschaft verändert hat.
- Lies deine Notizen nochmals durch und notiere, in welcher Reihenfolge du die einzelnen Themen im inneren Monolog anordnen möchtest.

Bei dieser Übung kannst du die folgenden Schlüsselbegriffe verwenden und zu ihnen weiteren Stoff sammeln. Schreibe auf ein separates Blatt.

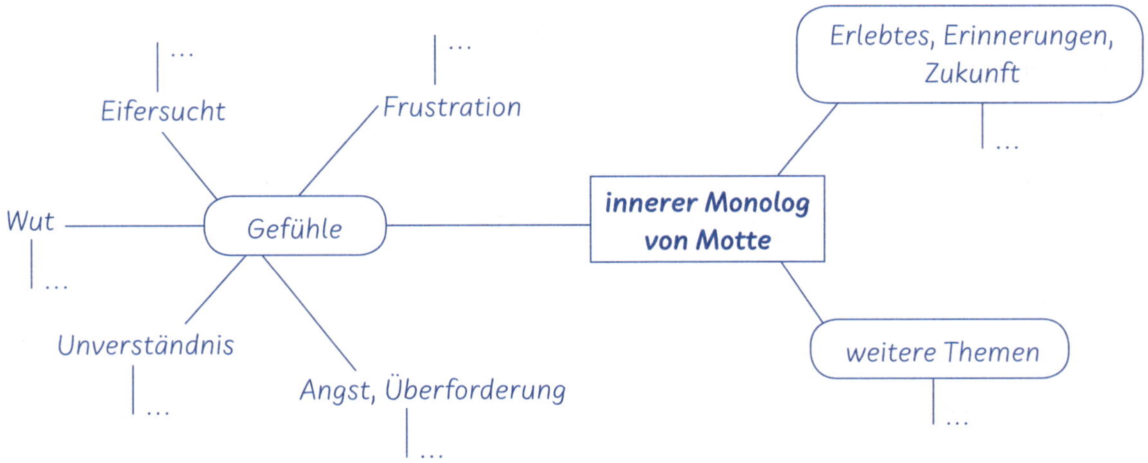

Vergleiche deine Stoffsammlung mit der Version im Lösungsheft. Vielleicht hast du eigene, bessere Ideen gehabt. Falls dir wichtige Punkte fehlen, nimmst du Ergänzungen vor.

Deine Stoffsammlung ist sicher ziemlich umfangreich und es gibt einige **Überschneidungen**. Auch damit du dich nicht wiederholst, solltest du dir einen **Schreibplan** machen. Lege eine Reihenfolge fest, in der die gesammelten Ideen und Gedanken in deinem Text erscheinen sollen. Nummeriere also deine Notizen durch, bevor du mit dem Schreiben loslegst (vgl. B 5, Seite 52: TIPP „Strukturierung und Handhabung des Schreibplanes in der Prüfung“).

Benötigte Zeit: *Für das Anlegen der Stoffsammlung habe ich ______ Minuten benötigt.*

Vierter Schritt: Den Text ausformulieren

Nachdem du dir einen Schreibplan gemacht hast und deine Notizen in eine Reihenfolge gebracht hast, kannst du dich ans Ausformulieren machen. Bedenke dabei folgenden Punkt:

- Welche Textsortenkriterien musst du beim Verfassen eines inneren Monologs beachten? Schreibe sie auch auf ein Notizpapier, sodass du sie während des Formulierens im Blick behalten kannst.

1 Schreibe den inneren Monolog von Motte.

Falls es dir schwerfällt, einen Anfang zu finden, kannst du auch so beginnen:

Innerer Monolog: Motte

Wie konnte das nur passieren? Vor einiger Zeit noch haben wir jeden Tag miteinander verbracht und geplant, wie wir uns mit dem Blackbirdfielder – wie Bogi ihn mit seinem Englischdings nannte – zulöten. Nun sitzen wir hier in diesem klinischen Zimmer mit dem blöden Tier an der Tür. Bogi und ich. Ich und Bogi. Auch wenn Bogi jetzt eine Glatze hat, sind wir noch dieselben Personen und dennoch hat sich was verändert. Nichts ist mehr wie vorher ...

Natürlich kannst du dir einen eigenen Anfang für den inneren Monolog überlegen.

Benötigte Zeit: *Für das Ausformulieren des Textes habe ich ______ Minuten benötigt.*

Fünfter Schritt: Den Aufsatz überprüfen und überarbeiten

1 Nicht schummeln! Überprüfe und überarbeite erst deinen eigenen Übungsaufsatz, bevor du dir den Musteraufsatz im Lösungsheft ansiehst. Nutze die folgende Checkliste für die Überprüfung und Überarbeitung deines Textes.

	ja	nein
Überprüfung des Inhalts		
– Wird klar, wie verändert Bogi für Motte wirkt?	☐	☐
– Wird klar, wie traurig/verzweifelt Motte darüber ist, dass Bogi nicht mehr zu seiner Welt gehört?	☐	☐
– Basieren die Erinnerungen und Gefühle auf den Ereignissen aus dem Buch?	☐	☐
Überprüfung der Form		
– Hast du in Ich-Form und aus Mottes Perspektive geschrieben?	☐	☐
– Hast du die Textmerkmale eines inneren Monologs beachtet?	☐	☐
– Gibt es unbeabsichtigte Wiederholungen?	☐	☐
– Gibt es einen natürlichen Fluss im Text?	☐	☐
– Passt der Sprachstil zu den Figuren und zum Buch?	☐	☐
– Sind Sprache und Ausdrucksweise typisch für einen inneren Monolog? Nicht zu förmlich, nicht zu gestelzt?	☐	☐
Überprüfung der Sprachrichtigkeit		
– Hast du schwierige Wörter im Rechtschreibwörterbuch nachgeschlagen?	☐	☐
– Hast du die Regeln zur Zeichensetzung durchgängig beachtet?	☐	☐

TIPP Aufsatzkontrolle

In der Prüfung arbeitest du alleine. Bei dieser Übung kannst du dir noch helfen lassen. Gehe deinen Übungsmonolog mit anderen Personen durch. Mitschüler, die gute Aufsatzschreiber sind und das Buch ebenfalls gelesen haben, können dir helfen. Sei offen für Kritik und Vorschläge.

Benötigte Zeit: *Für die Überprüfung und Überarbeitung des Textes habe ich ______ Minuten benötigt.*

In der Prüfung kommt nach dem fünften Schritt noch die Reinschrift. Unterschätze den Zeitbedarf dafür nicht. Teste, wie lange es dauert, eine Seite Konzept ins Reine zu schreiben. Dann hast du eine Vorstellung, wie viel Zeit du dafür in der Prüfung reservieren musst.

Benötigte Zeit: *Für die Reinschrift des Textes habe ich ______ Minuten benötigt.*

Zusammenfassung

Zur besseren Übersicht findest du hier die **Strategie zur Bearbeitung einer produktiven Schreibaufgabe** nochmals zusammengefasst aufgelistet:

INFO In fünf Schritten eine produktive Schreibaufgabe bearbeiten

Erster Schritt: Die Aufgabe analysieren
Zweiter Schritt: Die Textstelle untersuchen
Dritter Schritt: Eine Stoffsammlung anlegen
Vierter Schritt: Den Text ausformulieren
Fünfter Schritt: Den Aufsatz überprüfen und überarbeiten

Auswertung der Arbeitszeit

Ermittle, wie viel Zeit du insgesamt für den Übungsaufsatz benötigt hast. In der unten stehenden Tabelle sind schon einige Zeiten vermerkt, die du in der Prüfung zusätzlich einplanen solltest. Trage nun ein, wie viel Zeit du für die Teilschritte benötigt hast.

Arbeitsschritt	**Zeit**
– Prüfungsaufgaben durchlesen	
– Aufgabe analysieren	
– Textstelle untersuchen	
– Stoffsammlung anlegen	
– Schreibplan machen, dann Text ausformulieren	
– Text überprüfen und überarbeiten	
– Reinschrift anfertigen	
– Puffer	5 Minuten
Summe Gesamtarbeitszeit	

Zur Erinnerung: Du hast in der Prüfung **etwa 45 – 60 Minuten** als Arbeitszeit zur Verfügung. Brauchst du deutlich länger? Dann untersuche, bei welchen Schritten du viel Zeit benötigst. Übe gezielt diese Schritte! Falls du sehr ordentlich schreibst, kannst du eventuell auch bei der Reinschrift flotter arbeiten. Aber denke daran, dass die Darstellung deines Aufsatzes ebenfalls bewertet wird. Er sollte also insgesamt „sauber“ aussehen.

B 5 Aufgaben zur Ganzschrift „Nathan und seine Kinder“ (Mirjam Pressler)

In diesem Kapitel setzt du dich mit der Ganzschrift „Nathan und seine Kinder“ von Mirjam Pressler auseinander. Die Beschäftigung mit den einzelnen Aufgaben soll dein Wissen über den Inhalt festigen und es dir ermöglichen, die Zusammenhänge des Buches zu erkennen. Alle Seitenangaben in diesen Übungen beziehen sich auf die Taschenbuchausgabe Gulliver 1233 des Beltz & Gelberg Verlages aus dem Jahr 2011 (ISBN: 978-3-407-74233-9).
Bearbeite die Aufgaben Schritt für Schritt. Übe konzentriert über mehrere Tage und Wochen hinweg. Wiederhole die Übungen, die dir schwerfallen. Wenn du bei einer Aufgabe unsicher bist, blättere noch einmal zurück zu den aufgeführten Strategien in Kapitel B 3.

CHECKLISTE fürs Üben

Das solltest du parat haben:
- ☑ Ganzschrift
- ☑ Farbstifte
- ☑ Textmarker
- ☑ Papier
- ☑ Schreibzeug
- ☑ ruhiger Arbeitsplatz
- ☑ Uhr

TIPP Frühzeitig informieren

Spätestens zu Beginn deines Abschlussjahres solltest du wissen, welche der beiden Ganzschriften in deiner Klasse/Schule behandelt werden soll. Informiere dich genau, welche Ausgabe benutzt wird. Du solltest frühzeitig mit dem Lesen der Lektüre beginnen. Vor allem Literatur, die nicht in der heutigen Jugend- oder Umgangssprache geschrieben ist, braucht mehr Vorbereitungszeit.

Übungen zur Strategie: Schwierige oder unbekannte Wörter verstehen

Die Geschichte spielt in der Zeit des dritten Kreuzzuges in und um Jerusalem. Damit du dich in die damaligen Geschehnisse, die Umgebung und Zeit besser einfinden kannst, werden im Buch zum Teil Wörter verwendet, die wir in unserem Sprachraum und zur heutigen Zeit nicht benutzen.

1 Kläre die inhaltlich passende Bedeutung der unterstrichenen Wörter mit einem Fremdwörterbuch oder dem Internet.

a) „[...] ein Leben in Abgeschiedenheit und Bedürfnislosigkeit, dem Augenblick hingegeben und frei von weltlichem Streben, nur dem Gebet und der <u>Kontemplation</u> gewidmet.“ (S. 90)
b) „Das Kreuz ist ein großer Trumpf in unserer Hand und wir werden uns nur von ihm trennen, wenn wir dafür als Gegenleistung eine wichtige <u>Konzession</u> zugunsten des Islam erhalten.“ (S. 124)
c) „Er bedankte sich huldvoll und machte ein Zeichen, auf das hin ein Diener <u>eilfertig</u> herbeisprang [...]“ (S. 130)
d) „[...] eine geheimnisvolle, unbekannte Schrift, eine Mitteilung, die ich nicht entziffern konnte und die vielleicht wichtig gewesen wäre. Ein <u>Menetekel</u> auf dem Pflaster von Jerusalem.“ (S. 177)

2 Finde für die unterstrichenen Wörter passende Synonyme. Leite diese aus dem Textzusammenhang ab oder benutzte ein Fremdwörterbuch / das Internet zur Recherche.

a) „Trotzdem war der Hunger oft unerträglich und die Not und die Beschwernisse führten auch in unserem Lager nicht selten zu Handgreiflichkeiten und selbst zu tödlich endenden <u>Scharmützeln</u>.“ (S. 33)
b) „[...], eine Kette aus dem Jemen, aus dünnen Golddrähten geschmiedet und mit einem großen, dreieckigen Gehänge aus fein <u>ziselierten</u> Goldplättchen.“ (S. 113)
c) „Die Begleiter des Engländers, <u>geharnischte</u> Ritter, blieben zu beiden Seiten des Eingangs stehen [...]“ (S. 130)
d) „Es war kein Sieg, es war höchstens ein <u>Remis</u>.“ (S. 166)

3 Ordne folgende Wörter den richtigen Kategorien zu. Benutze deine Lektüre als Hilfe. In Klammern steht immer die jeweilige Seitenzahl.

Maulbeerbaum (9) / Hundezahngras (11) / Brokatdecke (13) / Derwisch (13) / Essenzen (15) / Damast (15) / Gesinde (18) / Wams (29) / Gaukler (29) / Zisterne (39) / Rabbi (46) / Kaftan (51) / Ysop (60) / Kiepen (61) / Patriarch (67) / Oheim (88) / Diwan (96) / Tamariske (109) / Fellachen (118) / Wesire (125)

Natur	Wohnen/Kleidung	Person/Gruppe

Übungen zur Strategie: Den Inhalt des Buches erfassen

Einzelne Figuren der Ganzschrift erzählen die Ereignisse aus ihrer jeweiligen Sicht. Diese Erzählungen reihen sich wie Glieder einer Kette aneinander und ermöglichen es so, den Handlungsstrang im Gesamten nachzuvollziehen.

1 Die unten und auf Seite 46 aufgeführten Ereignisse sind durcheinandergeraten.

a) Markiere alle aufgelisteten Rückblenden in der ersten Spalte mit einem „R“.

b) Bringe die restlichen Inhalte (= gegenwärtige Romanhandlung) in die richtige Reihenfolge. Setze dafür die Nummern 1–10 in die erste Spalte. Beginne mit dem frühesten Geschehnis (Nummer 1).

c) Schreibe hinter jeden vorgegebenen Inhalt, wer dies erzählt.

HINWEIS Rückblenden – Vorausschau

Durch diese Aufgabe erkennst du nicht nur die Abfolge der Geschehnisse im Buch, sondern auch deren tatsächliche zeitliche Reihenfolge. Beachte Rückblenden oder Momente der Vorausschau. Dies ist wichtig zur Erfassung und zum Verstehen der Gesamtsituation.
Um dir einen noch genaueren Überblick über die zeitliche Abfolge der Geschehnisse zu machen, kannst du diese aufgeführten Ereignisse und weitere in einem Zeitstrahl festhalten. Je genauer du das Buch kennst und bearbeitest, desto leichter wird es dir fallen, gestellte Aufgaben zu beantworten.

Kennzeichnung	Ereignis	Erzähler/-in
	Nathan wird auf Befehl zum Palast gebracht. Saladin stellt ihm die Frage, welche von den drei Religionen der Stadt die wahre sei. Nathan antwortet mit einer Geschichte.	
	Daja geht über den Markt und vergleicht dabei ihr jetziges mit ihrem früheren Leben. Sie möchte wieder zurück in ihre Heimat. Am Abend verrät sie dem Tempelritter das Geheimnis um Recha.	
	Alle Tempelritter werden durch Abu Hassan und seine Truppen bei Bint Jbeil (Tebnin) gefangen genommen, nach Jerusalem gebracht und dort hingerichtet, außer Curd von Stauffen, den der Sultan verschont und unter seinen persönlichen Schutz stellt.	

Kennzeichnung	Ereignis	Erzähler/-in
	Der Junge wird von lauten Schreien aus seinem Mittagsschlaf geweckt und sieht das Haus von Nathan in Flammen stehen. Ein Tempelritter rettet Nathans Tochter Recha aus den brennenden Flammen.	
	Elijahu und Nathan bringen kostbare Stoffe in den Palast. Auf dem Heimweg werden sie überfallen und Nathan wird ermordet.	
	Recha tritt ihr Erbe an. Sie will keine Rache für den Tod ihres Vaters nehmen.	
	Recha besucht ihre hochschwangere Freundin Lea, die sich große Sorgen macht, dass das zweite Kind wieder ein Mädchen wird.	
	Seine Mutter lässt ihn als Säugling bei ihrem Bruder Konrad von Stauffen zurück, um ihrem Mann ins Heilige Land zu folgen. Er erhält den Namen Curd von Stauffen, obwohl sein richtiger Name Leu von Filnek lautet.	
	Daja lebt bei ihrer Großmutter in Gunzenhausen. Eines Tages verliebt sie sich in Gisbert und folgt den Kreuzfahrern auf dem Weg ins Heilige Land.	
	Der Patriarch verlangt den Tod desjenigen, der ein christliches Kind im jüdischen Glauben aufgezogen hat.	
	Nathan und Elijahu kommen von einer langen Handelsreise in ihre Heimatstadt Gath zurück und finden das Haus von Kreuzfahrern zerstört und ausgebrannt vor. Unter anderem Nathans Frau und seine sieben Söhne sind dabei umgekommen.	
	Ein Junge wird von Elijahu halbtot neben der Stadtmauer gefunden und zu Nathans Haus gebracht.	
	Gisbert wird vor den Mauern der Stadt Jerusalem getötet. Daja läuft in die Stadt hinein und sinkt vor dem Eingang einer Kirche nieder. Nathan nimmt sie zu sich, da er eine Erzieherin und Gesellschafterin für seine Tochter benötigt.	
	Der Tempelritter erhält vom Patriarchen den geheimen Auftrag, den Sultan auszuspionieren und wenn möglich umzubringen.	
	Ein Klosterbruder übergibt einen Säugling an Nathan. Sie erhält den Namen Recha.	
	Im Palast des Sultans wird über ein mögliches Friedensabkommen zwischen Saladin und Malek al-Inkitar, dem englischen König Richard Löwenherz, verhandelt.	
	Daja erzählt Recha, dass Nathan nicht ihr leiblicher Vater sei.	

HINWEIS Geschichte der Kreuzzüge

Es ist ratsam, dass du dich neben der Lektüre auch mit der Geschichte der Kreuzzüge beschäftigst. In der Lektüre selbst gibt es viele Verweise auf geschichtliche Ereignisse. Hintergrundwissen dazu kann dir helfen, die Zusammenhänge noch besser zu verstehen. Nutze hierfür z. B. Lernplattformen im Internet.

2 In der Ganzschrift „Nathan und seine Kinder" finden sich mehrere übergeordnete Themen, die Zusammenhänge verschiedener Inhalte des Buches deutlich machen.

a) Ordne die unten stehenden Inhalte den Themenbereichen A bis D zu. Begründe deine Wahl.

A: Identität	B: Zwischen Glaube und Fanatismus	C: Freundschaft	D: Liebesglück?

1) Daja verliebt sich in Gisbert und folgt ihm ins Heilige Land. 2) Nathans Frau und seine sieben Söhne werden durch die Kreuzfahrer ermordet. 3) Seit 18 Jahren ist Elijahu Nathans ergebener Verwalter und treuer Freund. 4) Recha glaubt, ein Engel mit weißem Gewand und weißen Flügeln habe sie gerettet. 5) Nathan gibt dem Jungen den Namen Geschem. 6) Elijahu vertraut Daja das Geheimnis an, dass Recha nicht die leibliche Tochter Nathans sei. 7) Saladin glaubt, im Tempelritter den Sohn seines verschollenen Bruders Assad zu erkennen. 8) Al-Hafi erzählt seinem Freund Nathan, dass er zum Schatzmeister des Sultans berufen wurde. 9) Der Tempelritter weist Nathan zurück, weil dieser ein Jude ist. 10) Am Abend entdecken Nathan und der Tempelritter ihre gemeinsame Vision einer friedvollen Welt ohne Missgunst. Sie werden Freunde. 11) Sittah ist froh, dass sie nicht mit einem Cousin von Richard Löwenherz verheiratet wird. 12) Abu Hassan hat sich einer Gruppe von Verschwörern angeschlossen, um den Sultan zu stürzen. 13) Der Tempelritter gesteht sich seine Liebe zu Recha ein. 14) Nathan macht Saladin deutlich, dass alle drei Religionen gleichberechtigt nebeneinanderstehen. 15) Saladin ist beeindruckt von Nathans Weisheit und bietet ihm seine Freundschaft an. 16) Daja sehnt sich nach ihrer Heimat. 17) Elijahu möchte Zipora heiraten. 18) Man will Rache am Tod von Nathan nehmen, doch Recha lehnt dies ab. 19) Der frühere Tempelritter erscheint als Leu von Filnek in einem dunklen Mantel mit weißem Turban.

b) Ergänze die Themenbereiche durch weitere passende Episoden der Lektüre.

3 Erkläre, welche sprachlichen Mittel sich in den vorgegebenen kursiv geschriebenen Textstellen finden und was sie inhaltlich bedeuten. Nutze hierfür deine Lektüre und lies nochmals die Textstellen im Textzusammenhang.

TIPP Sprachliche Mittel

Damit du die einzelnen sprachlichen Besonderheiten im Text entdeckst und verstehst, benötigst du das Wissen über die verschiedenen Möglichkeiten in Stil und Rhetorik. Verschaffe dir daher vorab einen Überblick über die wichtigsten Stilmittel.
Manche Bedeutungen sprachlicher Mittel erschließen sich erst durch den gesamten Textzusammenhang. Es ist daher ratsam, zuerst den gesamten Inhalt der Lektüre zu erfassen, bevor du die sprachlichen Mittel inhaltlich deutest.

a) „*Ein Schauer lief mir über den Rücken,* die Haut in meinem Nacken zog sich zusammen [...]" (S. 11 f.)

sprachliches Mittel: ____________________

inhaltliche Deutung: ____________________

____

b) „Ich war *wie ein verirrter Wanderer an einer Weggabelung*, der sich für eine der möglichen Richtungen entscheiden muss und nicht weiß, ob er auf dem eingeschlagenen Weg eine Herberge findet, in ein gefährliches Moor gerät oder von heimtückischen Räubern überfallen wird." (S. 38)

sprachliches Mittel: ____

inhaltliche Deutung: ____

____

c) *„Die Zeit ist kein tröstlicher Freund, sie schenkt kein heilendes Vergessen, sie legt nur einen Schleier über die Erinnerung, sie gaukelt dem Menschen Sicherheit vor und ist doch so trügerisch* wie der tückische Treibsand, in dem man von einem Schritt auf den anderen versinken kann." (S. 45)

sprachliches Mittel: ____

inhaltliche Deutung: ____

____

d) *„Ich hörte einen Säugling weinen und das fröhliche Gekreisch spielender Kinder, ich hörte Menschen schimpfen, rufen, lachen, mahnen, ich hörte Tiere bellen, blöken und wiehern. Und ich hörte das Zwitschern der Vögel."* (S. 62)

sprachliches Mittel: ____

inhaltliche Deutung: ____

____

e) „[...] ich kannte seinen Ruf [...] der Ruf eines *großzügigen und unberechenbaren* Despoten. Er sei *grausam und mildtätig, edel und gemein, aufrichtig und hinterhältig, geachtet* von seinem Volk *und gefürchtet* von seinen Feinden, [...]" (S. 87)

sprachliches Mittel: ____

inhaltliche Deutung: ____

____

f) „Er war anders als alle anderen, *kein Falke im Horst, aber auch keine Taube, eher ein Pfau*, der uns durch seine Schönheit zeigte, dass die Welt noch etwas anderes zu bieten hatte, als unsere Lehrer uns beizubringen bemüht waren." (S. 92 f.)

sprachliches Mittel: ____

inhaltliche Deutung: ____

____

g) „Wieder schlugen meine Gedanken einen Haken und landeten *in einem undurchdringlichen Dickicht, wo sich vor gar nicht langer Zeit noch ein wohlbestellter Acker befunden hatte, der reiche Ernte erwarten ließ*, [...]" (S. 177)

sprachliches Mittel: ____

inhaltliche Deutung: ____

____

4 Al-Hafi verwendet in seinen Erzählungen mehrfach das Bild des Schachspiels.

a) Finde in deiner Lektüre passende Textstellen, in denen al-Hafi das Leben an sich, das Leben am Hofe Saladins und das seinige mit diesem Bild vergleicht.

b) Erkläre, was al-Hafi mit diesem Bild verdeutlichen will.

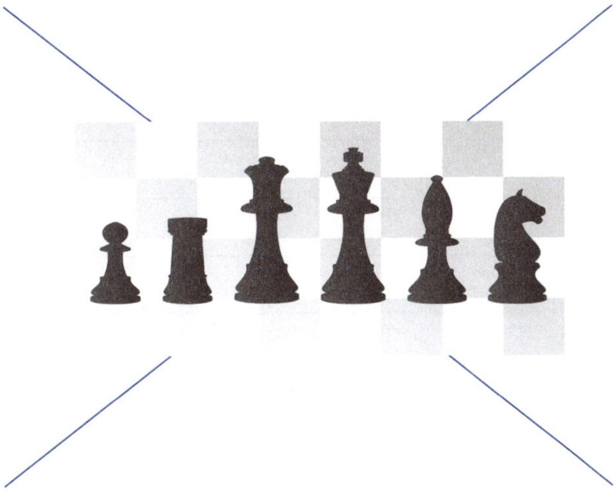

Quelle: Illustration of chess, © Oleksandr Babich; https://stock.adobe.com/de/images/illustration-of-chess/75907947?prev_url=detail

c) Nathan und Saladin führen ein Gespräch im Rosengarten des Palastes. Al-Hafi verfolgt dieses Geschehen aufmerksam und vergleicht es auch hier mit einzelnen Zügen in einem Schachspiel.

Erkläre folgende Fachbegriffe aus dem Schach:

Bauernopfer: ______________________________

____

Rochade: ______________________________

____

Remis: ______________________________

____

Lege anhand ausgewählter Textstellen dar, wie al-Hafi das Gespräch beurteilt.

5 Nathan antwortet auf Saladins Frage, welche der drei Religionen die wahre sei, mit der sogenannten Ringparabel.

INFO Die Parabel

Die *Ringparabel* ist eine Schlüsselszene der Lektüre, welche auch im klassischen Werk „Nathan der Weise“ von Gotthold Ephraim Lessing zu finden ist. Die Textart Parabel weist daraufhin, dass es in dieser kurzen Geschichte eine *Bildebene* (= was gesagt wird) und eine *Sachebene* (= was damit gemeint ist) gibt. Beides muss man miteinander verbinden, um den Sinn der Geschichte zu verstehen.

a) Erzähle die Parabel in eigenen Worten nach. Schreibe in dein Heft.

b) Entschlüssele die Sachebene der Parabel. Führe dazu die Satzanfänge weiter.

Bei dem Vater, der den Ring besitzt und an den liebsten Sohn weitergibt, handelt es sich um ____________

____

Die drei Ringe stehen für die ______________________________

____

Die Söhne sind die ______________________________

____

Der Richter, der entscheiden soll, welcher der drei Ringe der echte sei, ist ____________________

____

c) Nathan selbst sieht das Ergebnis des Gesprächs nicht wie al-Hafi als Sieg, sondern als Remis: „Es war nur eine Geschichte, nur ein Traum.“ (S. 166) Erkläre, was Nathan damit meint und was dies mit unserer heutigen Lebenswelt zu tun hat.

Übungen zur Strategie: Die Personen im Buch genau kennenlernen

1 Der Titel „Nathan und seine Kinder“ verdeutlicht, dass Nathan seine Liebe und Botschaft an andere – „seine Kinder“ – weitergibt und somit sein Traum auch nach seinem Tod weiterlebt.

a) Nenne die Personen im Buch, welche als „Nathans Kinder“ sein Vermächtnis weiterleben. Begründe deine Auswahl.

b) Beschreibe die folgenden Personen des Buches näher: Nathan, den Tempelritter und Sultan Saladin. Sammle die Informationen zu den Eckdaten, äußeren Merkmalen, Eigenschaften und Einstellungen. Lege für jede Person einen eigenen Steckbrief an.

HINWEIS Figuren des Buches

Einzelne Aufgaben im Prüfungsteil A2, z. B. die produktive Schreibaufgabe, zielen darauf ab, dass man sich in eine fiktive Figur hineinversetzen und aus deren Sicht schreiben kann. Deshalb ist es sehr wichtig, dass du die handelnden Personen des Buches kennst und weißt, was sie erleben, wie sie denken und handeln, ihre Welt wahrnehmen und was sich im Laufe der Handlung ändert. Für deine Prüfungsvorbereitung ist es sinnvoll, zu jeder handelnden Figur des Buches einen Steckbrief anzulegen. Je genauer du arbeitest, desto besser bist du für diese Prüfung vorbereitet.

Eine produktive Schreibaufgabe bearbeiten

Übung zur Strategie: Bearbeitung einer produktiven Schreibaufgabe

1 Lies dir folgendes Beispiel für eine produktive Schreibaufgabe durch:

„Du bist vor einem Oheim geflohen, um einen anderen zu finden“, sagte ich. „Ist das nicht seltsam?“
Er hob die Schultern und ließ sie wieder fallen. „Aber der andere hat mich behalten, weil er musste, und dieser hier will mich, weil er in mir seinen toten Bruder sieht.“
Seite 246

Leu von Filnek ist nach dem Gespräch mit Recha wieder zurück im Palast. Er erinnert sich in einem Tagebucheintrag an seine eigene Suche nach Zugehörigkeit und Anerkennung. Dabei merkt er, dass Nathan auch ihm Orientierung gab.

Schreiben Sie diesen Tagebucheintrag (mindestens 200 Wörter).

Erster Schritt: Die Aufgabe analysieren

1 Markiere in dem obigen hinterlegten Beispiel zur produktiven Schreibaufgabe das Wichtigste im Textzitat und in der Erklärung, den Arbeitsauftrag und die geforderte Aufsatzart mit drei verschiedenen Farben. Lies dann die gesamte Aufgabe noch einmal durch und überlege dir, was bei dem geforderten Aufsatz zu beachten ist.

Benötigte Zeit: *Für die Analyse der Aufgabe habe ich ______ Minuten benötigt.*

Zweiter Schritt: Die Textstelle untersuchen

1 Beantworte folgende Fragen.

a) Auf was weist Recha mit ihren Worten hin?

____

____

b) In welchem Gemütszustand befindet sich Leu von Filnek? Begründe.

____

____

____

c) Welche schmerzhafte Wahrheit spricht Leu von Filnek über seine Familie aus? Erkläre mit eigenen Worten.

____

____

____

TIPP Stelle des Handlungsverlaufs

Die in der Prüfungsaufgabe vorgegebene Textstelle oder das beschriebene Ereignis aus der Lektüre gibt dir einen genauen Hinweis darauf, an welcher Stelle im Handlungsverlauf man die Schreibaufgabe ansetzen muss. Beachte, was sich bis zu diesem Zeitpunkt ereignet hat und was noch nicht geschehen ist. Beim produktiven Schreiben darfst du nichts vorwegnehmen und darfst die Figur, aus deren Sicht du schreibst, Zukünftiges nur vermuten lassen. Alles muss inhaltlich stimmig und zur Figur passend sein.

d) Wodurch gab Nathan Leu von Filnek Orientierung? ______________________________

____

____

Benötigte Zeit: *Für die Untersuchung der Textstelle und der zusätzlich angegebenen Seiten habe ich ______ Minuten benötigt.*

Dritter Schritt: Eine Stoffsammlung anlegen

1 In dem folgenden Schaubild sind wesentliche Schlüsselbegriffe bereits eingetragen, die man aus der Prüfungsaufgabe herauslesen kann. Notiere weitere Inhalte zu den Schlüsselbegriffen.

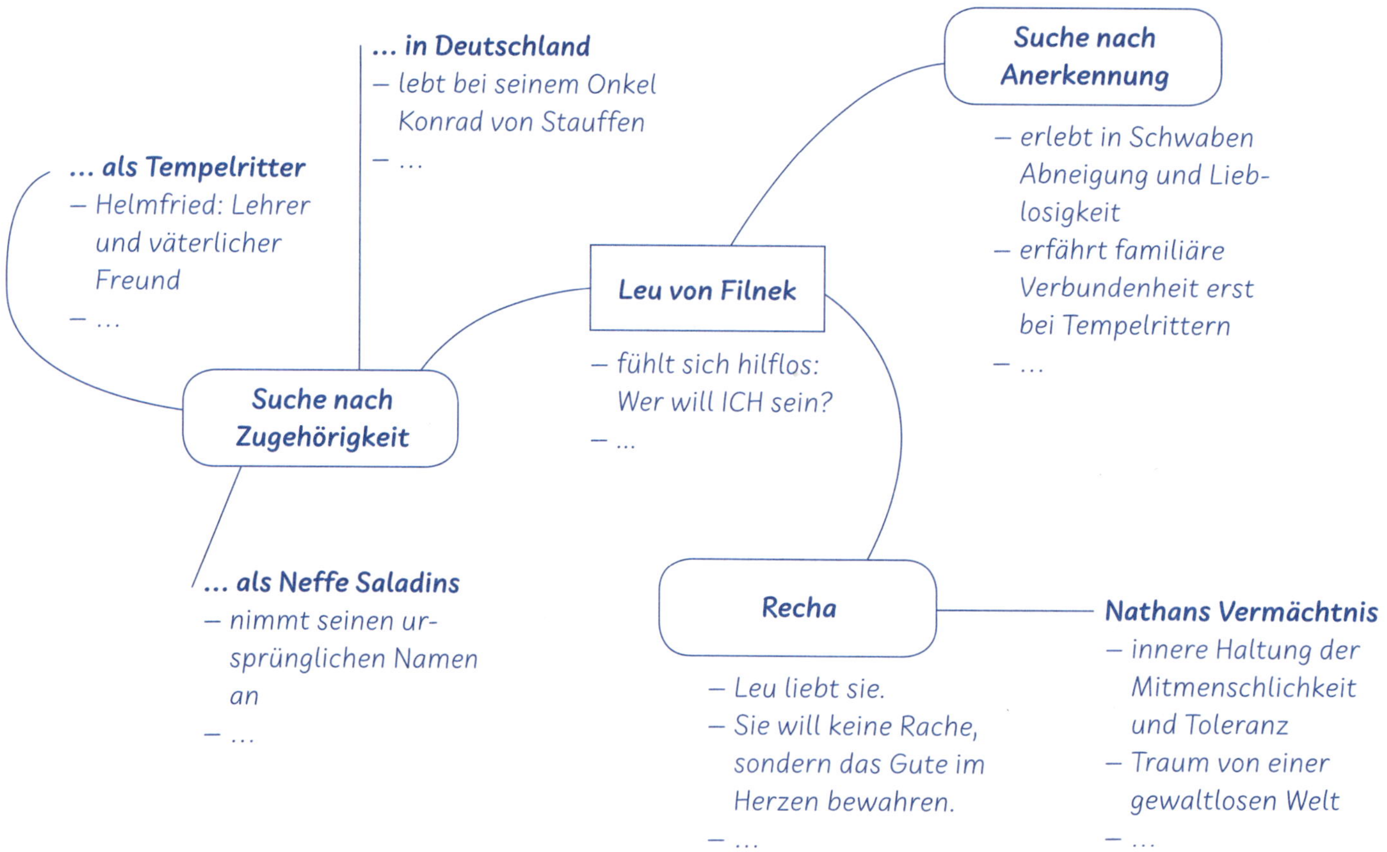

TIPP Strukturierung und Handhabung des Schreibplanes in der Prüfung

In der schriftlichen Prüfung hast du für die produktive Schreibaufgabe nicht viel Zeit. Daher brauchst du einen präzisen Schreibplan, welchen du auf das Konzeptpapier schreibst. Sammle deine Gedanken bereits in einer Struktur, z. B. mithilfe von Oberbegriffen. Schreibe in Stichworten. Überlege dir anschließend eine Reihenfolge, damit es nicht zu inhaltlichen Doppelungen kommt oder du etwas Wichtiges vergisst. Schau auch beim Schreiben deines Textes immer wieder auf deinen Schreibplan und streiche Gedanken durch, die du bereits ausformuliert hast.

Benötigte Zeit: *Für das Anlegen der Stoffsammlung habe ich ______ Minuten benötigt.*

Vierter Schritt: Den Text ausformulieren

Nachdem du die wichtigsten Inhalte passend zur Aufgabe gesammelt und strukturiert hast, kannst du dich an das Ausformulieren deines Textes machen. Verwende dabei deine Notizen aus Aufgabe 1, dritter Schritt. Beachte beim Schreiben auch die Kriterien der geforderten Textsorte.

1 Versuche nun, Leu von Filneks Tagebucheintrag zu schreiben. Verwende hierfür ein separates Blatt. Du könntest so beginnen:

Jerusalem, März 1193

Liebes Tagebuch,
das Gespräch mit Recha bewegt mich immer noch. Mein Herz schlägt wie wild – einerseits aus Liebe zu Recha, andererseits aus Kummer. Bin ich nach wie vor ein verlassenes, elternloses Kind? Damals habe ich mich den Kreuzfahrern angeschlossen, weil ich bei meinem Onkel Konrad von Stauffen keine Liebe und Anerkennung fand. Anfangs ging ich davon aus, dass er mein Vater sei, bis er mir kaltherzig mitteilte, dass meine Mutter mich damals bei ihm ließ, um ihrem Mann ins Heilige Land zu folgen.

Benötigte Zeit: *Für das Ausformulieren des Textes habe ich ______ Minuten benötigt.*

Fünfter Schritt: Den Aufsatz überprüfen und überarbeiten

1 a) Überprüfe anhand der folgenden Fragen, an welchen Punkten du deinen Tagebucheintrag von Leu von Filnek noch verbessern kannst:

	ja	nein
Fragen zum Inhalt		
– Schließt der Tagebucheintrag an den in der Aufgabenstellung angegebenen Zeitpunkt (S. 246) an? Lies zur Überprüfung auch die Seiten davor und danach.	☐	☐
– Erinnert sich Leu von Filnek an seine eigene Suche nach Zugehörigkeit?	☐	☐
– Reflektiert er, bei welchen Menschen er in seinem bisherigen Leben Anerkennung fand und bei welchen nicht?	☐	☐
– Optional: Erkennt Leu von Filnek, warum Recha in sich ruht und sich nicht als verlassen ansieht?	☐	☐
– Erkennt Leu von Filnek, dass Nathan ihm selbst durch seine Worte und Taten Orientierung gab?	☐	☐
Fragen zur Form		
– Sind zu Beginn der Ort und das Datum passend zur angegebenen Textstelle gesetzt?	☐	☐
– Beginnt der Text mit der Überschrift „Liebes Tagebuch“?	☐	☐
– Hast du aus der Perspektive von Leu von Filnek geschrieben (Ich-Form)?	☐	☐
– Sind die Gefühle und Gedanken von Leu von Filnek wiedergegeben?	☐	☐
– Sind sprachliche Merkmale des Tagebucheintrages enthalten, z. B.: Stellt sich Leu von Filnek selbst Fragen?	☐	☐
Fragen zur Sprachrichtigkeit		
– Hast du im Rechtschreibwörterbuch schwierige Wörter nachgeschlagen?	☐	☐
– Hast du die Zeichensetzung durchgängig überprüft?	☐	☐

b) Überarbeite nun die Punkte, bei denen du „nein“ angekreuzt hast.

In der Prüfung arbeitest du alleine. Bei dieser Übung kannst du dir noch helfen lassen. Gehe deinen Übungsmonolog mit anderen Personen durch. Mitschüler, die gute Aufsatzschreiber sind und das Buch ebenfalls gelesen haben, können dir helfen. Sei offen für Kritik und Vorschläge.

Benötigte Zeit: *Für die Überprüfung und Überarbeitung des Textes habe ich ________ Minuten benötigt.*

In der Prüfung kommt nach dem fünften Schritt noch die Reinschrift. Unterschätze den Zeitbedarf dafür nicht. Teste, wie lange es dauert, eine Seite Konzept ins Reine zu schreiben. Dann hast du eine Vorstellung, wie viel Zeit du dafür in der Prüfung reservieren musst.

Benötigte Zeit: *Für die Reinschrift des Textes habe ich ______ Minuten benötigt.*

Zusammenfassung

Zur besseren Übersicht findest du hier die Strategie zur Bearbeitung einer produktiven Schreibaufgabe nochmals zusammengefasst aufgelistet:

INFO In fünf Schritten eine produktive Schreibaufgabe bearbeiten

Erster Schritt: Die Aufgabe analysieren
Zweiter Schritt: Die Textstelle untersuchen
Dritter Schritt: Eine Stoffsammlung anlegen
Vierter Schritt: Den Text ausformulieren
Fünfter Schritt: Den Aufsatz überprüfen und überarbeiten

Auswertung der Arbeitszeit

Ermittle, wie viel Zeit du insgesamt für den Übungsaufsatz benötigt hast. In der unten stehenden Tabelle sind schon einige Zeiten vermerkt, die du in der Prüfung zusätzlich einplanen solltest. Trage nun ein, wie viel Zeit du für die Teilschritte benötigt hast.

Arbeitsschritt	**Zeit**
– Prüfungsaufgaben durchlesen	
– Aufgabe analysieren	
– Textstelle untersuchen	
– Stoffsammlung anlegen	
– Schreibplan machen, dann Text ausformulieren	
– Text überprüfen und überarbeiten	
– Reinschrift anfertigen	
– Puffer	5 Minuten
Summe Gesamtarbeitszeit	

Zur Erinnerung: Du hast in der Prüfung **etwa 45 – 60 Minuten** als Arbeitszeit zur Verfügung. Brauchst du deutlich länger? Dann untersuche, bei welchen Schritten du viel Zeit benötigst. Übe gezielt diese Schritte! Falls du sehr ordentlich schreibst, kannst du eventuell auch bei der Reinschrift flotter arbeiten. Aber denke daran, dass die Darstellung deines Aufsatzes ebenfalls bewertet wird. Er sollte also insgesamt „sauber“ aussehen.

B 6 Schritt-für-Schritt-Übungen „Textgebundene dialektische Erörterung“

Die Abschlussprüfung im Wahlteil B „Textgebundene dialektische Erörterung“

Seit dem Schuljahr 2020/21 gibt es in Baden-Württemberg für alle Schülerinnen und Schüler auf M-Niveau eine neue, veränderte Realschulabschlussprüfung, die sich auch im Bereich Schreiben auswirkt. Dieser Teilbereich der Prüfung gehört zum **Wahlteil B**. Hier können die Schülerinnen und Schüler selbst zwischen einer textgebundenen dialektischen Erörterung oder einer Textbeschreibung eines Prosa- oder Lyriktextes wählen. Eines dieser drei Aufsatzthemen muss im Zeitrahmen der Prüfung bewältigt werden. In diesem Kapitel erfährst du, was man unter einer dialektischen Erörterung versteht und in welchen Schritten du zu einem guten Aufsatz kommst.

INFO Zeitmanagement

Bisher hatten die Schülerinnen und Schüler für das Schreiben des Prüfungsaufsatzes vier Zeitstunden zur Verfügung. Mit der jetzigen Abschlussprüfung hast du aufgrund der Aufgaben in Pflichtteil A1 und A2 voraussichtlich nur noch zwei (max. zweieinhalb) Zeitstunden, um die Textvorlagen für den Aufsatz richtig lesen und diesen Aufsatz gut schreiben zu können. Du musst also gut trainiert sein und die einzelnen Arbeitsschritte zügig angehen. Ein vorheriges Üben ist daher unbedingt notwendig.

Die textgebundene dialektische Erörterung – Was ist das?

Eine textgebundene Erörterung bezieht sich immer auf einen Quellentext oder mehrere. Sie sind Grundlage deiner Erörterung. In der Abschlussprüfung können verschiedene Textsorten vorliegen, in denen Sachverhalte thematisiert werden:

→ Zeitungsartikel
→ Sachtext
→ Interview (oder ein Auszug daraus)
→ Diagramm aus einer Studie/Untersuchung
→ Karikatur/Cartoon
→ längeres Zitat
→ ...

Jede dieser Quellen muss anders gelesen und entschlüsselt werden. Alle ausgewählten Quellen werden sich aber mit einem Thema auseinandersetzen, dem du in deinem Prüfungsaufsatz nachgehen musst. Dein Aufsatz greift daher die einzelnen Inhalte der Quellen auf und thematisiert diese. Es geht in erster Linie um die Argumente der Verfasser der Quellen. Eigene plausible Argumente darfst du ebenfalls einbinden. Dein eigener Standpunkt kommt im Schlussteil deiner Erörterung zum Tragen.

TIPP Die richtige Wahl treffen

Da du vorher das Thema der Erörterung nicht kennst, musst du die Entscheidung in der Prüfung treffen. Du solltest dich mit dem gestellten Thema schon einmal befasst haben – in der Schule oder privat –, denn dein Wissen und deine eigene Meinung sind für das Auswerten der Quelleninhalte und dein Schreiben wichtig.

Da es sich um eine **dialektische** Erörterung handelt, musst du gegensätzliche, kontroverse Argumente aus den Quellen herauslesen und auswerten können. Du wirst daher in der Prüfung mehrere verschiedene Quellen vorgelegt bekommen.

Texte lesen und gezielt markieren

Zuerst beschäftigst du dich mit dem Quellentext, den du erörtern sollst. Dieser muss richtig gelesen und bearbeitet werden. Das ist besonders wichtig, denn es ist die Grundlage für deine Erörterung. Um einen Textinhalt richtig zu verstehen und u. a. Zusammenhänge und/oder Schlussfolgerungen besser zu erkennen, liest du den Text am besten zweimal. Da die Texte dir erst in der Prüfung zur Verfügung stehen, musst du zügig und genau lesen können. Das Lesen muss daher geübt werden. Nimm dir beim Üben genügend Zeit und benutze verschiedenfarbige Stifte zum Markieren.
Bevor du Inhalte aus einem Quellentext entnimmst, musst du den gesamten Text verstehen. Findest du dir fremde Wörter, so nutze ein Wörterbuch, um deren Bedeutung herauszufinden. Hilft das Wörterbuch dir nicht weiter, versuche, den Inhalt anhand weiterer Formulierungen des Abschnittes zu verstehen. Oftmals erschließt sich der Inhalt aus dem Textzusammenhang.

TIPP Methoden zum Textverständnis

Es gibt viele Methoden, um einen Text zu lesen und zu bearbeiten. Sicher hast du im Unterricht einige dieser Methoden kennengelernt. Nutze die Arbeitsweise, die für dich am besten funktioniert und sieh die hier vorgestellte als Anregung.

Wichtig ist, dass du in einem Text, wie z. B. einem Artikel oder Sachtext, ...

- **... die wichtigsten Textstellen zum Thema markierst:** Dies sind die Argumente, vor allem Begründungen und Beispiele, die du später in deiner Erörterung benötigst, um dich sachlich mit einem Thema auseinanderzusetzen.
- **... Schlüsselwörter markierst:** Meistens hat ein solcher Text verschiedene Abschnitte, die je nach Abschnitt einen bestimmten Aspekt des Themas behandeln. Die Schlüsselwörter geben das Thema des Absatzes vor, auf sie wird immer wieder Bezug genommen. Sie können sich am Anfang eines Textes oder Abschnittes befinden und je nach Wichtigkeit mehrfach im Text auftauchen.
- **... Randnotizen schreibst:** Fasse Inhalte zusammen, indem du an den Rand Oberbegriffe schreibst und damit den Text gliederst. Ob es sich nun um eine Definition handelt oder um Ursachen, bestimmte Beispiele aufgezeigt werden oder Ergebnisse aus einer Studie, durch diese Randnotizen kannst du den Inhalt des Quellentextes besser erfassen und später beim Schreiben schneller darauf zurückgreifen.

Das Lesen und Markieren eines Textes kannst du am folgenden Beispiel 1 üben.

BEISPIEL 1 **Nachhaltigkeit**

Lebensmittelverschwendung in Deutschland

Warum werfen wir Lebensmittel weg?

Von: Zu gut für die Tonne! (Bundesanstalt für Landwirtschaft und Ernährung)

Entlang der Lebensmittelversorgungskette, also von der Produktion, über Handel und Gastronomie, bis zu den Verbraucherinnen und Verbrauchern landen jährlich insgesamt knapp zwölf Millionen Tonnen Lebensmittel im Müll. Das hat Folgen für uns und die Umwelt.
Nach einer Studie des Thünen-Instituts zu Lebensmittelabfällen in Deutschland im Jahr 2015 wirft jede und jeder von uns pro Jahr ungefähr 75 Kilogramm Lebensmittel weg. Insgesamt landen allein in Privathaushalten jährlich rund sechs Millionen Tonnen Lebensmittel im Müll.
Die wenigsten Lebensmittel, die im Müll landen, gehören dorthin. Denn vieles, was wir wegwerfen, ist gar nicht verdorben, sondern erscheint uns nur nicht

BEISPIEL 1

mehr gut und appetitlich genug. Das betrifft vor allem Obst und Gemüse. […] Danach folgen Back- und Teigwaren sowie Speisereste.

Verteilung der Lebensmittelabfälle in privaten Haushalten nach Produktgruppen © Bundesministerium für Ernährung und Landwirtschaft (BMEL); https://www.zugutfuerdietonne.de/strategie/hintergrund/

Bares Geld in der Tonne

Bedenkenlos entsorgt wird auch, was wir für verdorben halten, es aber meistens gar nicht ist. Dieses Schicksal ereilt insbesondere Milchprodukte. Einer der Gründe ist das häufig falsch verstandene Mindesthaltbarkeitsdatum (MHD) auf der Verpackung. Fast die Hälfte der Lebensmittel, die wir aufgrund eines abgelaufenen MHDs entsorgen, landen ungeöffnet im Müll. Ebenso gut könnten wir bares Geld wegwerfen. Denn ein abgelaufenes Mindesthaltbarkeitsdatum bedeutet in den seltensten Fällen „nicht mehr genießbar“.

Warum landen Lebensmittel in der Tonne?

Wir leben in einer Konsum-, Überfluss- und Wegwerfgesellschaft. Lebensmittel sind für viele von uns immer und überall verfügbar. Aber wer kennt noch den Herkunftsort oder die Reifedauer des gerade weggeworfenen Käses? Oft wissen wir nicht mehr genau, woher Produkte kommen und wie viel Arbeit und Ressourcen in ihnen stecken. So verlieren wir den Bezug zu unseren Lebensmitteln, die schnelle Mahlzeit und der Einkauf zwischendurch bestimmen unseren Alltag. Deshalb tappen wir in viele Wegwerffallen:

Einkauf: Die erste Wegwerffalle lauert bereits bei der Einkaufsplanung. Wir eilen […] in den Supermarkt – ohne zu wissen, was wir wirklich brauchen. Also greifen wir zu dem, was am leckersten aussieht oder worauf wir gerade Hunger haben. […]

Andere von uns kaufen eher selten ein. Dafür fallen diese Einkäufe in der Regel umso größer aus. Denn wir wissen ja nicht, wann wir das nächste Mal wieder in den Supermarkt kommen. Wir lassen uns gern verführen: von Sonderangeboten, Familienpackungen und Rabattaktionen wie „Nimm 3,

BEISPIEL 1

zahle 2“. Wir greifen gerne zu, ohne zu bedenken, was wir damit machen, wenn wir nach der Hälfte keine Lust mehr darauf haben. Und weißt du immer, was eventuelle Haushaltsmitglieder einkaufen? Ohne Absprache einzukaufen, potenziert das Wegwerfrisiko.

Die Einkäufe gut planen ist der erste Schritt gegen Lebensmittelverschwendung!

Lagerung: Den Einkauf einfach in den Kühlschrank zu verfrachten, reicht leider nicht für eine gute Aufbewahrung. Denn Lebensmittel haben unterschiedliche Ansprüche: hell oder dunkel, kühl oder doch bei Zimmertemperatur. Vor allem Obst und Gemüse, Fleisch und Fisch oder Milchprodukte verderben schneller, wenn wir sie nicht richtig aufbewahren. Wenn sie dann an Frische und Geschmack verlieren, landen sie schnell in der Tonne.

Hast du deine Vorräte immer im Blick? Ältere Joghurts schieben wir gern nach hinten und vergessen sie dort. Verstaut in diversen Behältern oder gar dort, wo sie niemand vermutet. So werden Lebensmittel schnell vergessen und landen letztlich im Abfall. Sortiere deine Lebensmittel deshalb nach dem sogenannten FIFO-Prinzip (First In, First Out). Stelle beispielsweise den neu gekauften Joghurt am besten hinter den alten.

[...] Lebensmittel richtig zu lagern, ist der zweite Schritt gegen Lebensmittelverschwendung.

Nach der Zubereitung: Auch nach der Verarbeitung zum Mittag- oder Abendessen warten weitere Wegwerffallen auf uns: angeschnittenes Gemüse, übriggebliebene Spaghetti oder ein halbes Dessert. Die Gäste sind gegangen, die Reste noch da. Eigentlich zu schade zum Wegwerfen, oder? Dennoch wandern viele Essensreste eher in die Tonne, als dass wir sie weiterverwerten.

[...] Manchmal bietet es sich auch an, mehr zuzubereiten – als Reserve für einen kochfreien Folgetag. Aber oft bleiben dann die Spaghetti auf der Herdplatte stehen – wo sie schneller schlecht werden als im Kühlschrank. Essen möchten wir sie dann nicht mehr, also ab damit in die Tonne.

Schritt Nummer drei gegen Verschwendung: Achte während des Kochens und Essens darauf, wie viel du benötigst und verwerte Reste weiter!

Verschwendung in Produktion und Handel

Nicht nur in Privathaushalten landen genießbare Lebensmittel vor Ablauf ihrer Zeit in der Tonne. Auch in Produktion und Handel entstehen Lebensmittelabfälle, die nicht nötig wären. Die krumme Gurke steht schon fast symbolisch dafür: Geschmacklich ohne Einbußen wird sie aussortiert, weil sie sich nicht effizient lagern und weiterverarbeiten lässt. Aber auch Äpfel mit kleinen Fehlstellen oder verwachsene Kartoffeln kommen gar nicht erst ins Verkaufsregal, weil sie schlechter verkäuflich sind. Damit die Auslage bis abends voll ist, wird auch spät am Tag Brot gebacken, das dann keine Abnehmer mehr findet.

Auswirkungen auf die Umwelt

Die Herstellung von Lebensmitteln benötigt Ressourcen. Wenn Äpfel, Brot oder Käse im Abfall landen, werden auch die verwendeten Ressourcen verschwendet: wertvoller Ackerboden, Wasser und Dünger, Energie für Ernte, Verarbeitung und Transport.

Und das obwohl rund 90 Prozent der Bundesbürgerinnen und Bundesbürger diese Verschwendung beim Wegwerfen von Lebensmitteln bewusst ist.

Benötigte Ressourcen: Gerundeter Wasserverbrauch je Kilogramm Lebensmittel © Bundesministerium für Ernährung und Landwirtschaft (BMEL); https://www.zugutfuerdietonne.de/strategie/hintergrund/

Die Zahlen in der Infografik machen deutlich: Ein verschwenderischer Umgang mit Rindfleisch verschärft den Klimawandel und wer Brot und Käse wegwirft, schüttet auch Wasser weg.
Diese Verschwendung bezahlen wir sogar doppelt, indem wir auch für die Entsorgung Energie verbrauchen. Lebensmittelabfälle, die sich nicht vermeiden lassen, sollten daher möglichst sinnvoll weiterverwertet werden – etwa als Kompost, Tierfutter oder zur Energieerzeugung in Biogasanlagen.

Ethische und wirtschaftliche Folgen

Während wir Lebensmittel sogar in Originalverpackung wegwerfen, hungern weltweit mehr als 820 Millionen Menschen. Natürlich wird keiner von ihnen unmittelbar satt, indem wir zu Hause den eigenen Lebensmitteln mehr Achtsamkeit entgegenbringen und den gekochten Reis weiterverwerten, statt ihn wegzuwerfen. Dennoch: In Anbetracht des Hungers in der Welt sind wir verpflichtet, sorgsam mit unseren Lebensmitteln umzugehen. Unsere Lebensmittelverschwendung trägt zur Verknappung von verfügbarer Anbaufläche bei – auch in den Ländern, wo Hunger herrscht – und fördert damit eine Steigerung der Preise für Lebensmittel.

Quelle: Bundesanstalt für Landwirtschaft und Ernährung: Warum werfen wir Lebensmittel weg? Aus: Zu gut für die Tonne!, Bonn 09.01.2020. https://www.zugutfuerdietonne.de/strategie/bund-und-laender/bundesministerium-fuer-ernaehrung-und-landwirtschaft; Stand: 24.02.2022 (gekürzte Version)

Wichtig ist, dass du die einzelnen Abschnitte in eigenen Worten zusammenfassen kannst. Dabei hilft dir die Bearbeitung der folgenden Aufgaben:

Vor dem Lesen

1 Lies die Überschrift und notiere in einem Satz, worum es in dem Text gehen könnte. Welchen Inhalt vermutest du?

____

____

2 Überlege, welche Textsorte hier vorliegt und aus welcher Quelle dieser Text stammt.

____

____

Nach dem Lesen

3 Schlage folgende Begriffe im Wörterbuch nach und erkläre sie: verdorben, appetitlich, Ressourcen, verfrachten, Reserve, Einbußen, effizient, Kompost, Achtsamkeit.

4 Benenne die Studie und deren Ergebnisse zur Lebensmittelverschwendung in Deutschland.

5 Entnimm aus Text und Grafik (Seite 57), welche Lebensmittel aus welchen Gründen im Müll landen.

6 Nenne und erkläre die Wegwerffallen von Lebensmitteln in Privathaushalten.

7 Schreibe heraus, wodurch in der Produktion und im Handel Lebensmittelabfälle vermieden werden könnten.

8 Der folgende Lückentext erklärt, weshalb Lebensmittelverschwendung auch Vergeudung von Ressourcen bedeutet. Trage die passenden Wörter in die Lücken unter Verwendung des Quellentextes und der Grafik „Benötigte Ressourcen: Welche Folgen hat die Verschwendung?“ (Seite 59) ein.

Um Lebensmittel herzustellen, benötigt man ______________. Zu diesen gehören u. a. wertvolle Anbauflächen, ____________ und ______________, ________________________, die Verarbeitung und den ______________. Landen Lebensmittel im Müll und werden nicht ______________, sind diese Ressourcen umsonst verbraucht worden. Das Wegwerfen von Lebensmitteln geschieht, obwohl sich rund ____________ der Bundesbürger über die damit verbundene Verschwendung von Ressourcen bewusst sind. Die Grafik zeigt anhand ausgewählter ______________, wie viel der Ressource Wasser bei der Herstellung verbraucht wird. Ebenso sieht man in der Darstellung, wie viel Treibhausgas jeweils entsteht. Die Wirkung verschiedener Treibhausgase auf das Klima wird in „CO_2-Äquivalente“ umgerechnet. Für ein Kilogramm ____________ werden 214 Liter Wasser verbraucht und __________ CO_2-Äquivalente in die Umwelt ausgestoßen. Für ein Kilogramm Käse sind dies sogar ________ Wasser und 8.510 g CO_2-Äquivalente. Noch größer ist der ________________________ für Rindfleisch aus Südamerika. Wer dies unachtsam verschwendet, schüttet pro Kilogramm Rindfleisch 1.542 Eimer Wasser weg und hat eine Emission von über 13 Kilogramm ____________________. Bei ________________ Produkten ist der Treibhausgaseffekt besonders hoch.

9 Zu was ruft dieser Text auf? Formuliere Forderungen, die man aus den Schilderungen des Textes schlussfolgern kann.

Inhalte aus Quellen gezielt herausschreiben

Die Informationen aus einem Quellentext, Diagramm oder dergleichen so herauszuschreiben, dass man damit weiterarbeiten und eine dialektische Erörterung schreiben kann, bedarf einiger Übung. Dabei gibt es Folgendes zu beachten:

- Unterscheide wichtige von unwichtigen Inhalten.
- Fasse Inhalte, die zusammengehören, mit eigenen Worten zusammen.
- Überlege dir, welche Inhalte sich später für wörtliche Zitate eignen. Dies könnten u. a. Textbeispiele sein, wie der Autor seine Meinung zu diesem Thema verdeutlicht.
- Versuche beim oder nach dem Herausschreiben, eine Vorgliederung der Inhalte zu finden, die dir beim Schreiben des Aufsatzes wie ein roter Faden weiterhilft.

TIPP Was sind wichtige Inhalte?

Für die dialektische Erörterung sind dies z. B.:
- Fachbegriffe zum Thema und ihre Definition/Erklärung
- wichtige Personen, die sich zu diesem Thema äußern, und ihre jeweilige Position/Meinung
- ausschlaggebende Zahlen, Beispiele usw.

Das gezielte Entnehmen von Inhalten aus einem Quellentext kannst du am folgenden Beispiel 2 üben.

BEISPIEL 2 **Fridays for Future**

Fridays for Future

Das sagen Schüler, Lehrer und Politik über die Klima-Demos

Veröffentlicht am 14.03.2019 um 15:57 Uhr, von Marcus Narloch-Bode, Bodo Weissenborn, Nina Steinert, Marcel Schütze

Weltweit gehen am Freitag Schüler wieder auf die Straße, um für den Klimaschutz zu demonstrieren. In Hessen wollen ebenfalls Tausende mitmachen – auch während der Schulzeit.

In 1.200 Städten in 92 Ländern auf fünf Kontinenten wollen an diesem Freitag Jugendliche für einen wirksamen Klimaschutz demonstrieren. In Deutschland gibt es allerdings auch Kritik an der von der schwedischen Aktivistin Greta Thunberg initiierten Aktion, unter anderem, weil die Fridays-for-Future-Demos häufig während der Schulzeit stattfinden und damit die Schulpflicht verletzt wird.

Nichtsdestotrotz wollen auch in vielen hessischen Städten an diesem Freitag Tausende Jugendliche auf die Straße gehen. Allein in Frankfurt erwartet die Landesschülervertretung rund 10.000 Demonstranten.[...]

Was sagen die Schüler?

Finn und seine Mitstreiter haben Plakate und Banner für die „Fridays-for-Future“-Demo in Wetzlar vorbereitet. Darauf steht etwa: „There is no Planet B!“ oder „Wäre die Welt eine Bank, wäre sie längst gerettet!“ Der 15-Jährige besucht die 9. Klasse einer Schule im Lahn-Dill-Kreis.

Finn rechnet mit 200 Teilnehmern. Viele seiner Mitschüler würden aber wohl nicht kommen – die Schule habe angekündigt, bei unentschuldigtem Fehlen hart durchzugreifen.

Auch die Frankfurter Schülerin Alice will an der Demo in ihrer Stadt teilneh-

BEISPIEL 2

men. „Es geht darum, der Politik zu zeigen, dass auch Schüler was können“, sagt sie. „Wir sind vom Klimawandel wirklich betroffen.“

Julius demonstriert am Freitag in Gießen. Dort werden mindestens 1.000 Teilnehmer erwartet. Die Demonstrationen hätten schon etwas verändert, sagt der 15-Jährige. Bei seinen Mitschülern gebe es ein „großes Interesse am Klimaschutz, etwa an Projekttagen“. Und auch ganz konkret ändere sich etwas: „Zu Hause gibt es Saft nur noch aus Glasflaschen – nicht mehr aus Plastikflaschen.“

In Marburg wird immer am ersten und dritten Freitag eines Monats demonstriert, berichtet die 18-jährige Nike, und zwar schon seit Dezember. „Das war eine spontane Idee. Wir haben von Greta Thunberg gehört und dann ein paar Nachrichten per WhatsApp rumgeschickt. Am nächsten Tag war die Demo.“ Die Zwölftklässlerin sagt: „Wir müssen das machen, um Aufmerksamkeit zu bekommen.“

Was sagen die Schulleiter?

„Es ist ein Dilemma“, meint Frank Reuber, Leiter der integrierten Gesamtschule Gießen Ost (GGO), die sogar als Umweltschule ausgezeichnet ist. „Der Einsatz für Umwelt und Klima ist doch genau das, was wir von den Schülern erwarten.“ Aber: „Das ist keine Aufforderung zur Demo. Denn es besteht Schulpflicht.“

Doch von Strafen hält Reuber in dem Fall nichts. In einem Brief an Eltern, Lehrer und Schüler legt der Schulleiter die Teilnahme an den weltweiten Demos als „besonders begründeten Ausnahmefall“ aus. Reuber bezieht sich dabei auf das geltende Schulrecht. Eltern müssten dazu beim Klassenlehrer schriftlich einen Antrag auf Befreiung stellen, wenn ihre minderjährigen Kinder zur Demo wollen. „Klar sein muss: Wer demonstriert, muss den Unterricht nachholen.“

Wolf-Dieter Stein, der das Gymnasium Philippinum in Marburg leitet, meint dagegen: „Die Unterrichtsstunden werden als nicht entschuldigt vermerkt. Es gibt kein Streikrecht für Schüler. Und es wäre ja auch kein Schulstreik, wenn wir das den Schülern erlauben würden.“ In der Sache findet er aber, hätten die Jugendlichen „ein sehr wichtiges Anliegen“, und er begreife die Demos als Anlass, „zum Beispiel in Form von Projekttagen verstärkt auf die Thematik einzugehen“.

„Einzelne Projekttage sind sicherlich hilfreich und zielführend“, sagt auch Claudia Wolff, Leiterin der Frankfurter Schillerschule. „Wichtiger ist aber, das Bewusstsein im Regelunterricht zu etablieren.“ Deshalb wolle sie in der 7. Klasse fächerübergreifend einen kontinuierlichen Projektunterricht zum Thema Klima einführen.

Was sagen die Lehrer?

Die Gewerkschaft Erziehung und Wissenschaft (GEW) teilt mit, die Diskussion über Sanktionen solle nur vom Anliegen der Jugendlichen ablenken. Die Landesvorsitzende Maike Wiedwald sagt laut einer Mitteilung: „Wir sehen dieses Engagement mit Freude, denn es zeigt, dass die heutige Generation der Schülerinnen und Schüler alles andere als politikverdrossen oder bequem ist.“ Schließlich müsse es in der Schule darum gehen, „junge Menschen an eine mündige Teilhabe an der Gesellschaft heranzuführen“.

BEISPIEL 2

Was sagen die Eltern?
Grundsätzlich unterstütze er die Proteste, sagt Korhan Ekinci, der Vorsitzende des Landeselternbeirats. Auch er selbst sei schon bei mehreren Fridays-for-Future-Demos gewesen. „Ich erlebe die Jugendlichen da sehr durchdacht und sehr bewusst.“ Und er glaube auch, dass die Proteste einen langfristigen Effekt haben werden – immerhin habe die Landesschülervertretung ihn gebeten, sich dafür einzusetzen, dass „ökologische Grundbildung“ an weiterführenden Schulen Teil des Kerncurriculums wird.

INFO

Landeselternbeirat Baden-Württemberg
Bei der hier abgebildeten Meinung handelt es sich um den hessischen Landeselternbeirat (LEB). Der LEB Baden-Württembergs unter dem Vorsitz von Dr. Carsten T. Rees wertschätzt ebenso das Engagement der „Fridays for Future“-Demonstranten und ruft zum aktiven Dialog auf.

Als Vater eingreifen wolle er erst, wenn er den Eindruck habe, dass die Jugendlichen die Kontrolle verlieren. Im Rheingau-Taunus-Kreis, wo er zu Hause ist, fänden die Demonstrationen bisher oft nach dem Unterricht oder nach der Zeugnisausgabe statt. „Wenn die Schüler jeden Freitag die Schule verpassen, dann müssen wir darüber reden, ob das noch verhältnismäßig ist.“

Was sagt die Politik?
Die staatlichen Schulämter haben die Schulleiter am Mittwoch erneut per Rundschreiben darauf hingewiesen: „Auch wenn das politische Engagement von Schülern Respekt verdient, so rechtfertigt die Teilnahme an einer Demonstration während der Unterrichtszeit nicht das Fernbleiben vom Unterricht.“ Das Fernbleiben sei als unentschuldigtes Fehlen zu bewerten und entsprechend zu dokumentieren. […]

Quelle: Marcus Narloch-Bode, Bodo Weissenborn, Nina Steinert, Marcel Schütze: Fridays for Future: Das sagen Schüler, Lehrer und Politik über die Klima-Demos. Aus: hessenschau.de, Hessischer Rundfunk, 14.03.2019 (gekürzte Version)

Vor dem Lesen

1 Überlege dir deine eigene Position zum Thema „Fridays für Future“. Welche Meinung hast du? Was spricht deiner Meinung nach dafür, was dagegen?

2 Schreibe auf, welche Textsorte vorliegt, wer die Autoren dieses Textes sind und aus welcher Quelle dieser Text stammt.

Nach dem Lesen

3 Überprüfe nach dem Lesen des Textes noch einmal deine eigene Position zu diesem Thema. Welche der aufgezeigten Inhalte unterstützen deine Meinung, welche nicht?

4 Kreuze an, welche der folgenden Aussagen zutreffen oder nicht. Korrigiere und begründe.

	trifft zu	trifft nicht zu
a) Durch die „Fridays for Future“-Demos wird die Schulpflicht verletzt.	☐	☐
b) Viele Schüler kommen nicht zu den „Fridays for Future“-Demos, da sie bei unentschuldigtem Fehlen in der Schule mit einer Sanktion rechnen müssen.	☐	☐
c) Durch die Demonstrationen ändert sich leider nur wenig in Bezug auf den Klimaschutz. Nur wenige Jugendliche interessieren sich wirklich dafür.	☐	☐
d) Die Demos sollen vor allen Dingen für Aufmerksamkeit sorgen, daher finden sie freitags – auch während der Unterrichtszeit – statt.	☐	☐
e) Es gibt kein Streikrecht für Schüler.	☐	☐
f) Schulleiter finden das Anliegen und einen Einsatz für Umwelt und Klima wichtig, gehen aber unterschiedlich mit den demonstrierenden Schülern um, die unentschuldigt von ihrem Unterricht fernbleiben.	☐	☐
g) Lehrer wünschen sich mehr politisches Engagement von Schülern, welches im Schul- und Unterrichtsalltag sichtbar werde.	☐	☐
h) Der Vorsitzende des hessischen Landeselternbeirats befürwortet das Demonstrieren von Schülern, wenn sie dadurch nicht beständig freitags ihren Unterricht verpassen.	☐	☐

5 Benenne Medien, die die „Fridays for Future“-Demos durch ein schnelles Verbreiten von Informationen unterstützen.

6 Liste auf, welche anderen Möglichkeiten es gibt, seinen Einsatz und sein Engagement für den Klimaschutz zu zeigen. Welche werden im Text aufgeführt?

7 Für eine Demokratie sind Meinungsfreiheit und das Recht, seine Meinung auch durch Demonstration kundzutun, unerlässlich.
a) Inwieweit unterstützt dieser Beitrag diese Behauptung?
b) Durch welche Fakten wird dieses Recht bei Jugendlichen eingeschränkt?

Bearbeiten anderer Materialien

In der schriftlichen Deutschprüfung kann es bei diesem Aufsatzthema neben Artikeln oder Beiträgen andere Quellen geben, anhand derer du eine Erörterung schreiben musst. Mit den folgenden Beispielen übst du das Lesen und Auswerten dieser Quellen.

Umgang mit Diagrammen und Schaubildern

Diagramme und Schaubilder verbildlichen Inhalte und Zahlenwerte, die aufgestellte Behauptungen gut untermauern können und so Argumente überzeugend darstellen. Schaubilder visualisieren eher Prozesse, Abläufe und bestimmte Vorgänge. Genau wie Schaubilder können Diagramme unterschiedlich dargestellt werden. Sie visualisieren mit Säulen, Balken, Linien oder Kurven vergleichbare Werte oder Teile eines Ganzen. Je nachdem, was sie aufzeigen wollen, existieren vier Grundarten:

Säulendiagramm	**Balkendiagramm**	**Kurvendiagramm**	**Kreisdiagramm**
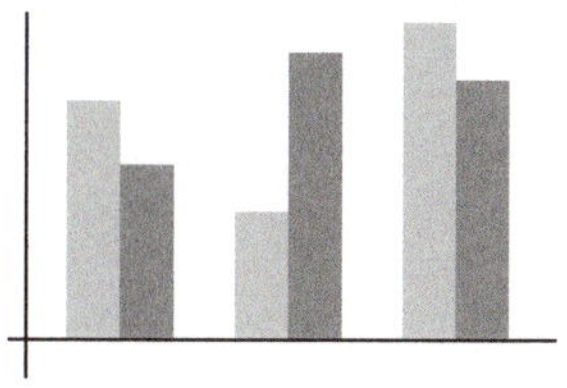		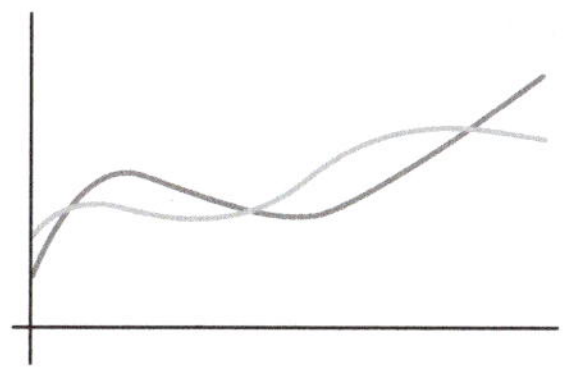	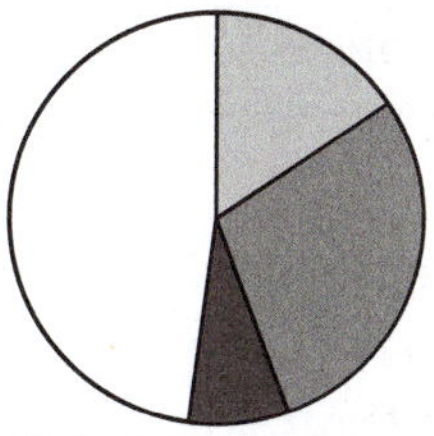
Die Informationen werden als Säulen oder Balken visualisiert. Man kann dadurch Werte miteinander vergleichen, Gemeinsamkeiten und Unterschiede aufzeigen oder bestimmte Trends zu bestimmten Zeitpunkten sichtbar machen.		Die Informationen werden als Linien oder Kurven dargestellt, um eine Entwicklung und Veränderung zu bestimmten Zeitpunkten zu zeigen.	Die einzelnen Informationswerte werden als Anteile (Zahlen und Prozente) dargestellt und sind ein Teil des Ganzen – des Kreises. Dadurch kann man Mengen vergleichen und Verteilungen sichtbar machen.

Die folgenden Schritte helfen dir bei der Auswertung von Diagrammen:

A Eckdaten erkennen

- Um welche Art von Diagramm handelt es sich? Was soll es aufzeigen?
- Was ist das Thema des Diagramms? Schau dir dazu genau die Darstellung an und achte besonders auf die Überschrift.
- Aus welchem Jahr stammt das Diagramm? Diese Information findest du entweder in den Informationen um das Diagramm herum (z. B. Überschrift, zusätzlicher Infotext) oder im Quellenverweis.
- Finde heraus, wer die Ergebnisse veröffentlicht hat. Dies erfährst du im Quellenverweis.

B Informationen auswerten – Zusammenhänge erkennen

Schau dir genau die einzelnen Teile des Diagramms an: x-Achse, y-Achse, Balken/Säulen, Farben und andere Beschriftungen.

- Welche Werte werden dargestellt?
- Welche Gruppen, Kategorien usw. werden miteinander verglichen?
- Wie verteilen sich diese Gruppen/Kategorien usw.? Gibt es Unterschiede oder Übereinstimmungen?
- Wurde eine bestimmte Zeitspanne oder ein bestimmter Zeitpunkt untersucht?
- Sind Besonderheiten, z. B. herausragende Werte, erkennbar?
- Was ist die Kernaussage des Diagramms?

TIPP Kernaussage

Der Kern einer Quelle ist das Wesentliche, die wichtigste Aussage zum Dargestellten. Sie bringt den Inhalt der Quelle auf den Punkt. Formuliere sie erst, wenn du alle Informationen aus der Quelle ausgewertet hast. Formuliere sie kompakt in einem oder wenigen Sätzen.

C Erkenntnisse als Text formulieren und Schlussfolgerungen ziehen

Wenn du alle Informationen aus dem Diagramm erfasst hast, überlege dir die Bedeutung dieser Informationen und formuliere deine Erkenntnisse als zusammenhängenden Text aus.

Formulierungshilfen

Die Satzanfänge auf der folgenden Seite helfen dir dabei, deine Erkenntnisse aus dem ausgewerteten Diagramm oder Schaubild besser in Worte zu fassen.

Wenn du eine vorher formulierte Behauptung mit Werten aus dem Diagramm untermauern möchtest:
- Dies belegt das vorliegende Diagramm/Schaubild über ... / zu dem Thema ...
- Besonders deutlich wird dies auch durch die Ergebnisse der Umfrage ... / der Studie ...
- Dies untermauert ebenso das Diagramm/Schaubild über ... /zum ...

Wenn du bestimmte Inhalte und Werte aus dem Diagramm erklären möchtest:
- Befragt/Untersucht wurden ...
- Die Umfrage/Untersuchung beschäftigte sich mit der Frage, ob ... / wie viele ...
- In dem vorliegenden Säulendiagramm erkennt man deutlich, dass ...
- Die Zahlen der Studie/Umfrage/Untersuchung zeigen, dass ...
- Besonders auffällig ist/sind die Werte / der Aspekt / die Verteilung von ...
- Aus dem vorliegenden Schaubild/Diagramm geht hervor, dass ...
- Besonders wichtig erscheint der Aspekt ... Entscheidend ist dabei ...

Wenn du Schlussfolgerungen aus den Ergebnissen ziehen möchtest:
- Die Ergebnisse der Studie zeigen, dass ...
- Die Statistik beweist ...
- Insgesamt wird deutlich, dass ...
- Zusammenfassend lässt sich sagen, dass ...
- Demzufolge ist es wichtig, dass ...
- Aufgrund der gezeigten Ergebnisse erscheint es ... / ist es wichtig ... / kommt man zum Schluss, dass ...

Übe dies nun an folgendem Beispiel 3:

BEISPIEL 3 **Elternbefragung zu „Fridays for Future“-Demos während der Schulzeit**

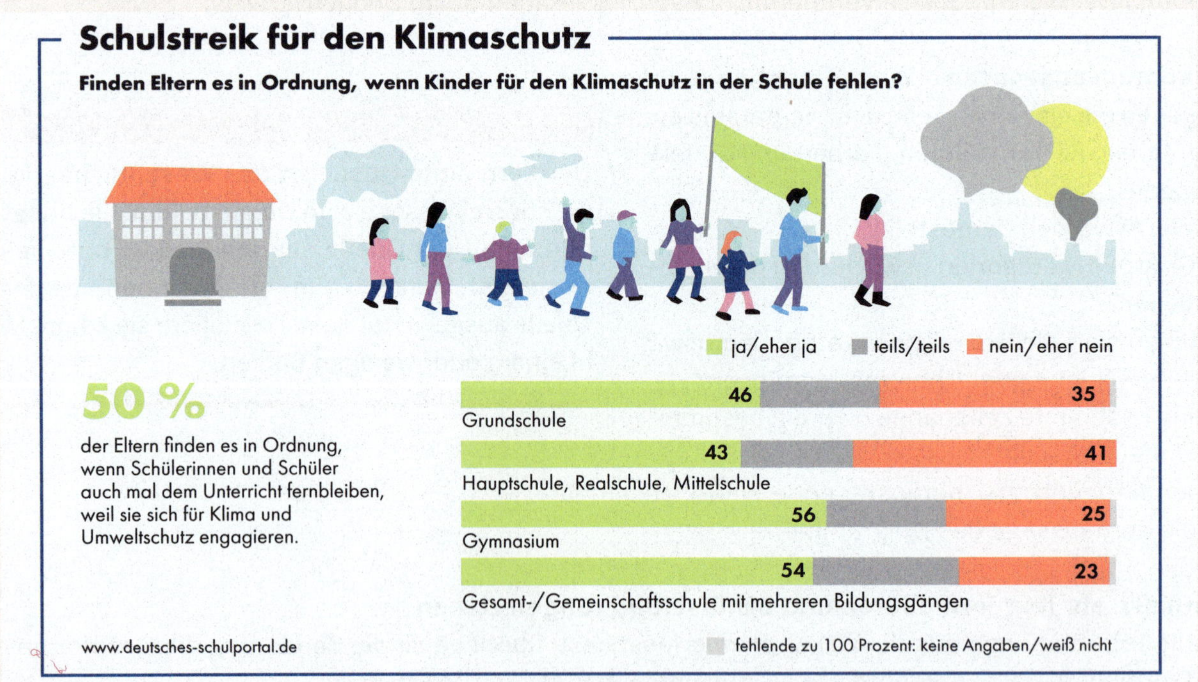

Quelle: Schulstreik für den Klimaschutz. Aus: Das Deutsche Schulbarometer, Berlin © Henriette Anders, eine repräsentative Befragung von infas im Auftrag der Robert Bosch Stiftung in Kooperation mit der ZEIT Verlagsgruppe, 20.09.2019. https://deutsches-schulportal.de/schule-im-umfeld/fridays-for-future-wie-eltern-zum-schulstreik-fuers-klima-stehen/; Stand: 08.02.2020

1 Welche Eckdaten lassen sich der Grafik entnehmen?

2 Erläutere die Informationen, die in dem Diagramm dargestellt werden.

3 Welche Schlussfolgerungen kann man aus den aufgezeigten Daten ziehen?

Umgang mit Zitaten

Bei einer Erörterung kann dir auch ein längeres Zitat vorgelegt werden, mit welchem du dich argumentativ auseinandersetzen sollst. Diese Zitate stammen oft von Personen, die in unserem gesellschaftlichen, politischen und wirtschaftlichen Leben eine große Rolle spielten oder spielen. Die Zitate können provozieren, sollen zum Nachdenken und zur Diskussion anregen. Die Schwierigkeit besteht darin, aus der Kürze des Zitats das meiste an Inhalt herauszuholen. Dies erfordert ein gutes Grundwissen über aktuelle Themen deines Lebens.

BEISPIEL 4 **Zitat von Greta Thunberg**[1]

„Ich will eure Hoffnung nicht. Ich will, dass ihr in Panik geratet. Ich will, dass ihr die Angst spürt, die ich jeden Tag spüre. [...] Ich will, dass ihr handelt, als wenn unser Haus brennt. Denn das tut es.“

1 **Greta Thunberg** (*2003) ist eine schwedische Klimaaktivistin. Ihr (hier ins Deutsche übersetzte) Zitat stammt von der 49. Jahrestagung des Weltwirtschaftsforums in Davos, die vom 21. bis 25. Januar 2019 stattfand.

Vor dem Lesen

1 Überlege, wer das Zitat ausgesprochen hat. Um welche Person des öffentlichen Lebens handelt es sich? In welchem Bereich ist diese Person aktiv und präsent?

2 Finde heraus, in welchem Zusammenhang dieses Zitat steht. Schaue dazu auf die zusätzlichen Informationen, die zum Zitat angegeben sind.

Nach dem Lesen

3 Beschreibe die sprachlichen Besonderheiten in diesem Zitat. Welche Funktion haben diese?
- Wiederholungen
- Ansprechen der Gefühlsebene
- Schaffen von Gegensätzen
- Personalpronomen
- Vergleich und Metapher

TIPP Rhetorische Mittel

Es gibt Zitate, vor allem aus Reden, die rhetorische Mittel beinhalten, um Aufmerksamkeit zu schaffen und dem Gesagten mehr Ausdruck zu verleihen. Solche kennst du als Stilmittel, die man in der Textbeschreibung findet. Eine Liste dazu mit Beispielen und Erläuterungen findest du im Glossar auf Seite 140f.

4 Erkläre, an wen sich Greta Thunberg mit ihren Worten richtet.

5 Was wird in ihrem Zitat thematisiert? Formuliere anhand der folgenden Stichworte vollständige zusammenhängende Sätze.

Hoffnung auf das Zukünftige +++ alles wird leichter, schneller, effizienter, besser +++ eine gute Zukunft den nachfolgenden Generationen hinterlassen +++ die Klimakrise: Erderwärmung, abschmelzende Polkappen und Gletscher, ansteigender Meeresspiegel +++ Naturkatastrophen +++ Konsum und Überfluss +++ Raubbau und verschwendete Ressourcen +++ je billiger, desto gewinnbringender +++ Angst vor der Zukunft +++ bisherige Trägheit, die Konsequenzen nicht ernst zu nehmen +++ Auswirkungen des Klimawandels zeigen sofortigen Handlungsbedarf +++ die Dringlichkeit, sofortige Maßnahmen für nachhaltigen Umwelt- und Klimaschutz zu ergreifen

6 Formuliere, welche Botschaften hinter diesem Zitat stecken.

7 Nenne konkrete Maßnahmen, die folgende Personen(gruppen) ergreifen könnten, um nachhaltig Umwelt und Klima zu schützen.

der Wirtschaftsunternehmer:	der Politiker:
die Schule:	Ich selbst und meine Familie:

Umgang mit Karikaturen und Cartoons

Eine Karikatur ist eine Zeichnung, mit der ein Karikaturist/Zeichner Kritik an einem Thema aus Politik, Wirtschaft oder Gesellschaft übt. Dies erkennt man an den Überzeichnungen und Übertreibungen oder durch die witzigen und satirischen Bilder. Bei einem Cartoon handelt es sich ebenfalls um eine zeichnerische Darstellung mit komischen oder satirischen Elementen, die auf ein aktuelles Thema aufmerksam machen können. Jedoch liegt die Komik hier mehr im Vordergrund. Der Übergang zwischen Karikatur und Cartoon ist fließend. Es ist daher wichtig, dass du auf die zusätzlichen Informationen achtest, die zu der Zeichnung als Quellenverweis angegeben sind.
Ganz gleich, ob es sich um eine Karikatur oder einen Cartoon handelt, sie müssen für eine Erörterung entschlüsselt werden. Zeichnung und Sprechtext werden dabei in einen Zusammenhang gebracht. Zum Verstehen benötigst du Hintergrundwissen.

Die folgenden Schritte helfen dir beim Verstehen einer Karikatur bzw. eines Cartoons:

A Eckdaten erkennen

Wie bei jeder anderen Quelle musst du als Erstes die Verweise und Zusatzinformationen klären.
- Wie heißt der Zeichner? Wer hat diese Zeichnung veröffentlicht? Dies erfährst du im Quellenverweis.
- Was ist das Thema der Karikatur / des Cartoons? Schau dir dafür den Titel und die Zusatzinformationen an. Wenn es keine Überschrift gibt, schaust du dir den Sprechtext (vor allem die Sprechblasen) an.
- Aus welchem Jahr stammt die Karikatur / der Cartoon? Diese Information findest du im Quellenverweis.

B Informationen auswerten – Zusammenhänge erkennen

Schau dir genau die Einzelheiten und Details der Zeichnung an.
- Was stellt der Karikaturist/Zeichner dar? Betrachte dargestellte Personen, Gegenstände, Räume usw.
- Wie und mit welchen Mitteln stellt er dies dar? Achte auf Mimik und Gestik der Person(en), die eingesetzten Farben und Symbole.
- Welchen thematischen Hintergrund hat die Zeichnung? Gehe auf die Entstehungszeit (siehe Quelle), das dargestellte Ereignis, die Personen und deren Handlung/Konflikt ein.
- Wer wird mit dieser Zeichnung angesprochen? Für wen wird Partei ergriffen?
- Was ist die Kernaussage der Karikatur / des Cartoons?

C Erkenntnisse als Text formulieren und Schlussfolgerungen ziehen

Wenn du alle Informationen aus der Karikatur / dem Cartoon erfasst hast, überlege dir die Bedeutung dieser Informationen und formuliere deine Erkenntnisse als zusammenhängenden Text aus.
- Gehe auf die Ziele und Absichten des Zeichners ein.
- Formuliere auch die Wirkung, die die Karikatur / der Cartoon auf den Betrachter haben soll.

Übe dies an folgendem Beispiel 5.

BEISPIEL 5 **Cartoon zur „Fridays for Future“-Bewegung**

Harm Bengen

Quelle: Harm Bengen: Fridays for Future, 01.03.2019. Baaske Cartoons

Nach dem Lesen

1 Schreibe die Eckdaten des Cartoons heraus.

2 Vervollständige die Teilsätze zum Inhalt des Cartoons.

Man erkennt einen alten Mann und einen Jungen, die ... ______________________

____

Die Darstellung der Jahreszahl „2070" verdeutlicht, dass ... ______________________

____

Der alte Mann erinnert sich an ... ______________________

____

3 Verbinde die Aussagen auf der linken und rechten Seite so, dass sinnvolle Zusammenhänge entstehen.

1	Die erste Äußerung des Großvaters bezieht sich auf sein Umweltengagement in der „Fridays for Future“-Bewegung zu Schülerzeiten.	A	Durch klimatische Veränderungen haben sich offenbar derartige Hochwasserstände eingestellt, dass die Häuser nicht mehr bewohnbar sind.
2	Die Wort „Aber dann“ verstärken und bestätigen den Eindruck der Vergeblichkeit.	B	Dass dieses Engagement nicht erfolgreich war, deutet sich durch die Verwendung des Wortes „eigentlich“ an.
3	Dass die Rettungsversuche vergebens waren und die Welt dem Untergang geweiht ist, zeigt der Cartoon auch visuell.	C	Die Bundesministerin für Bildung und Forschung Anja Karliczek hat die Jugendlichen damals von ihrem Engagement abgehalten, indem sie sie an ihre Schulpflicht erinnert hat, und so die Rettung der Welt verhindert.

4 Formuliere die Kernaussage(n) zu diesem Cartoon.

5 Verfasse nun anhand deiner Erkenntnisse aus den Aufgaben 1 bis 4 eine vollständige Analyse des Cartoons und ziehe eigene Schlussfolgerungen.

6 Überlege dir Wege, wie man Umwelt- und Klimaschutz in den Alltag integrieren kann, ohne dass es als anstrengend und belastend empfunden wird.

Argumente formulieren

Die Grundlage deiner Erörterung sind überzeugende und nachvollziehbare Argumente. In deinen bisherigen Schuljahren hast du gelernt, wie man mit Quellentexten umgeht, wie du zielgerichtet Informationen herauslesen, strukturiert darstellen und auswerten musst, damit du dazu Stellung beziehen und begründen kannst. Dabei hast du auch gelernt, was ein Argument ist und wie es aufgebaut sein muss. Im Folgenden frischst du diese Erkenntnisse auf.

Ein Argument, welches nachvollziehbar und überzeugend ist, besteht aus drei Bausteinen: Zuerst formulierst du die **Behauptung** (These). Diese musst du mit einer **Begründung** – also einem Beweis oder Erklärung –

untermauern und schließlich mit einem oder mehreren **Beispielen** veranschaulichen. Bei einer textgebundenen Erörterung findest du die Argumente in den vorgegebenen Materialien, also Texten, Diagrammen oder anderen Quellen, die dir in der Prüfung vorgegeben werden. Ziel deiner Erörterung ist,
- die Position des Autors / der Autoren der Quellen logisch darzustellen und
- den Leser von deiner Position zu überzeugen.

Deshalb müssen deine Begründung und deine gewählten Beispiele für den Leser plausibel sein. Er muss dir in deiner Argumentation folgen können.

Behauptung (These)	Die meisten Deutschen werfen sorglos ihre Lebensmittel weg, obwohl diese noch gar nicht verdorben sind.
Begründung(en) (Beweis, Erklärung)	Dies macht eine Studie des Thünen-Instituts zu Lebensmittelabfällen in Deutschland aus dem Jahr 2015 deutlich. Darin heißt es, dass „jede und jeder von uns pro Jahr ungefähr 75 Kilogramm Lebensmittel“ in den Müll schmeißt. (Bundesanstalt für Landwirtschaft und Ernährung: Warum werfen wir Lebensmittel weg? Aus: Zu gut für die Tonne!, Bonn 09.01.2020. https://www.zugutfuerdietonne.de/strategie/bund-und-laender/bundesministerium-fuer-ernaehrung-und-landwirtschaft; Stand: 24.02.2022; gekürzte Version)
Beispiel(e)	So landen vor allem Milchprodukte ungeöffnet im Müll, weil man durch den Ablauf des Mindesthaltbarkeitsdatums denkt, das Produkt sei nicht mehr genießbar.

1 Unterstreiche in den folgenden Argumenten die Behauptung, die Begründung(en) und die Beispiele.

a) In unserer von Konsum und Überfluss geprägten Gesellschaft ist es zur Normalität geworden, jederzeit und an jedem Ort einkaufen zu können (solange man dafür zahlen kann). Für uns sind Lebensmittel immer verfügbar, da verlängerte Ladenöffnungszeiten, verkaufsoffene Sonntage und Onlineshoppen das Einkaufen rund um die Uhr ermöglichen. „24/7“ – 24 Stunden am Tag, 7 Tage die Woche ist gelebte Realität: Supermärkte, die wochentags bis 24 Uhr geöffnet sind, Tankstellen, die sich ihre Öffnungszeiten zunutze machen und in ihren angeschlossenen Shops viel mehr als nur Kraftstoff verkaufen, sowie Läden in Großstädten, die Tag und Nacht die wichtigsten Artikel des täglichen Bedarfs anbieten, sind nur einige Beispiele. Mittlerweile gibt es auch Automaten, die diverse Produkte wie eine frisch gebackene Pizza schnell greifbar machen.

b) Wir werfen so viel weg, weil wir unachtsam und damit zu viel und/oder unnötig einkaufen. „Wir eilen [...] in den Supermarkt – ohne zu wissen, was wir wirklich brauchen. Also greifen wir zu dem, was am leckersten aussieht oder worauf wir gerade Hunger haben.“ (Bundesanstalt für Landwirtschaft und Ernährung: Warum werfen wir Lebensmittel weg? Aus: Zu gut für die Tonne!, Bonn 09.01.2020. https://www.zugutfuerdietonne.de/strategie/bund-und-laender/bundesministerium-fuer-ernaehrung-und-landwirtschaft; Stand: 24.02.2022; gekürzte Version) Ohne das vorherige Nachdenken über den Einkauf und den Einkaufszettel lassen sich viele von Sonderangeboten [...] verleiten und kaufen spontan nach Lust und Appetit ein (vgl. Bundesanstalt für Landwirtschaft und Ernährung, 2020).

2 Formuliere zu der folgenden Behauptung mit den vorgegebenen Stichworten eine passende Begründung und Beispiele. Baue dabei auch das Zitat ein.

Behauptung: Unnötig Lebensmittel wegzuschmeißen, schadet unserer Umwelt.

Stichworte für die Begründung: für Produktion und Transport Ressourcen benötigen +++ Anbauflächen, Wasser, Dünger, Energie +++ durch achtloses Wegwerfen umsonst verbrauchen +++ Wasserverbrauch und Treibhausgaseffekt besonders hoch

Stichwort für die Beispiele: Tierhaltung, Verarbeitung und Transport von einem Kilogramm Rindfleisch über 13 Kilogramm CO_2-Äquivalente +++ ein Kilogramm Käse 5.060 Liter Wasserverbrauch +++ „Ein verschwenderischer Umgang mit Rindfleisch verschärft den Klimawandel und wer Brot und Käse wegwirft, schüttet auch Wasser weg.“ (Bundesanstalt für Landwirtschaft und Ernährung, 2020)

INFO Variationen von Argumenten

Die Reihenfolge der einzelnen Bausteine ist nicht zwingend vorgeschrieben, d. h., du kannst die Teile des Arguments variieren, um deinen Text abwechslungsreicher zu gestalten. Vielleicht ist es für ein Argument sinnvoller, zuerst das Beispiel zu nennen, bevor man die Begründung formuliert. Es kann auch sein, dass man für eine Behauptung mehrere Begründungen, Erklärungen und Beispiele findet. Wichtig ist, dass am Ende die formulierte These bewiesen wurde und die Inhalte dem Leser logisch erscheinen. Deshalb musst du dir für das Formulieren der einzelnen Argumente Zeit nehmen.

Zitate und Quellen im Prüfungsaufsatz angeben

Vorrangig verwendest du in deinem Aufsatz fremde Argumente aus den vorgegebenen Materialien. Diese musst du als Zitate angeben, entweder als direkte (wörtliche) oder indirekte (sinngemäße), ansonsten verletzt du das Urheberrecht desjenigen, der die Quelle geschrieben und veröffentlicht hat. Außerdem ist das richtige Zitieren Teil deiner Prüfungsleistung.

Zitate stützen die Argumentation und müssen daher inhaltlich relevant sein. Übernimm einen Inhalt wörtlich, wenn dieser besonders aussagekräftig und kaum anders zu formulieren ist. Ansonsten fasst du den Inhalt mit eigenen Worten zusammen und belegst das als indirektes Zitat.

Zitierweisen

Das direkte, wörtliche Zitieren

Dies bedeutet, dass du **einen besonderen Begriff, einen Abschnitt oder ganze Sätze aus einer Quelle unverändert übernimmst**. Du musst dies in Anführungszeichen angeben. Der Textverweis erfolgt direkt hinter dem Zitat in Klammern.

Beispiel: *Schulleiter Frank Reuber, Leiter der integrierten Gesamtschule Gießen Ost (GGO) hält nichts von Sanktionen, wenn Schüler statt am Unterricht an den „Fridays for Future“-Demonstrationen teilnehmen: „In einem Brief an Eltern, Lehrer und Schüler legt der Schulleiter die Teilnahme an den weltweiten Demos als ‚besonders begründeten Ausnahmefall‘ aus.“ (Marcus Narloch-Bode, Bodo Weissenborn, Nina Steinert, Marcel Schütze: Fridays for Future: Das sagen Schüler, Lehrer und Politik über die Klima-Demos. Aus: hessenschau.de, Hessischer Rundfunk, 14.03.2019; gekürzte Version)*

Wenn du etwas wörtlich zitierst, was bereits in der Quelle in Anführungszeichen steht – also bereits wörtlich zitiert wurde –, musst du die **im Text stehenden Anführungszeichen ebenfalls übernehmen**. Du schreibst diese aber als einfache Anführungszeichen.

Beispiel: *Der Vorsitzende des hessischen Elternbeirats Korhan Ekinci unterstützt die Proteste von Schülern, aber er sagt auch: „‚Wenn die Schüler jeden Freitag die Schule verpassen, dann müssen wir darüber reden, ob das noch verhältnismäßig ist.‘“ (Marcus Narloch-Bode, Bodo Weissenborn, Nina Steinert, Marcel Schütze: Fridays for Future: Das sagen Schüler, Lehrer und Politik über die Klima-Demos. Aus: hessenschau.de, Hessischer Rundfunk, 14.03.2019; gekürzte Version)*

Wenn du ein wörtliches Zitat in einen selbst formulierten Satz einbaust, musst du manchmal **das Zitat verändern**, damit die Satzstruktur stimmt. Manchmal brauchst du das Zitat nicht in voller Länge und kannst Teile weglassen. Diese Veränderungen machst du durch **eckige Klammern** kenntlich.

Originaltext: „In Anbetracht des Hungers in der Welt sind wir verpflichtet, sorgsam mit unseren Lebensmitteln umzugehen. Unsere Lebensmittelverschwendung trägt zur Verknappung von verfügbarer Anbaufläche bei – auch in den Ländern, wo Hunger herrscht – und fördert damit eine Steigerung der Preise für Lebensmittel.“ (Bundesanstalt für Landwirtschaft und Ernährung: Warum werfen wir Lebensmittel weg? Aus: Zu gut für die Tonne!, Bonn 09.01.2020. https://www.zugutfuerdietonne.de/strategie/bund-und-laender/bundesministerium-fuer-ernaehrung-und-landwirtschaft; Stand: 24.02.2022; gekürzte Version)

- **Weglassen von Zitatteilen** [...]
  Beispiel: *„In Anbetracht des Hungers in der Welt sind wir verpflichtet, sorgsam mit unseren Lebensmitteln umzugehen. Unsere Lebensmittelverschwendung trägt zur Verknappung von verfügbarer Anbaufläche bei [...] und fördert damit eine Steigerung der Preise für Lebensmittel.“*
- **Einfügen von Inhalten** [eingefügte Worte]
  Beispiel: *„Unsere Lebensmittelverschwendung trägt zur Verknappung von verfügbarer Anbaufläche[, Wasser und Energie] bei [...]“ und kann Armut und Hunger in einzelnen Ländern noch verstärken.*
- **Veränderungen von Worten** [veränderte Formulierung]
  Beispiel: *So kann man sagen, dass „[u]nsere Lebensmittelverschwendung [...] zur Verknappung von verfügbarer Anbaufläche bei[trägt] – auch in den Ländern, wo Hunger herrscht – und [...] damit eine Steigerung der Preise für Lebensmittel [fördert]“.*

Das indirekte, sinngemäße Zitieren

Gibst du einen Inhalt aus einem Quellentext in eigenen Worten zusammenfassend wieder, musst du dies ebenfalls als Zitat kenntlich machen. Die Quellenangabe beginnt dann mit der Abkürzung „vgl.“, die für „vergleiche“ steht. Anschließend folgt wie beim wörtlichen Zitat der Textverweis.
Beispiel: Es ist unsere Pflicht, mit Lebensmitteln achtsam umzugehen, denn bei knappen Ressourcen führt die Verschwendung letztlich zu Preissteigerungen, was besonders die Länder trifft, in denen Armut herrscht (vgl. Bundesanstalt für Landwirtschaft und Ernährung: Warum werfen wir Lebensmittel weg? Aus: Zu gut für die Tonne!, Bonn 09.01.2020. https://www.zugutfuerdietonne.de/strategie/bund-und-laender/bundesministerium-fuer-ernaehrung-und-landwirtschaft; Stand: 24.02.2022; gekürzte Version).

TIPP Abwechslung schaffen

Um deinen Aufsatz interessant und gut lesbar zu gestalten, solltest du zwischen den einzelnen Zitierweisen wechseln. Beständig wiederholtes wörtliches Zitieren erzeugt Sprachmonotonie. Außerdem kann das leicht dazu führen, dass du nur abschreibst und keine eigenen Formulierungen und Gedanken verwendest.

Textverweise im Quellenverzeichnis

Damit dein geschriebener Text gut lesbar ist, kannst du die Textverweise auch in einem extra Quellenverzeichnis aufführen. Dazu musst du hinter dem Zitat eine Fußnote setzen, die ebenfalls im Quellenverzeichnis auftaucht, damit man es später der Quelle zuweisen kann. Hinter der jeweiligen Fußnote erscheint dann der Textverweis so, wie es die Art deines Zitats verlangt – also mit oder ohne „vgl.“. Die Fußnoten werden fortlaufend im gesamten Text vergeben, auch wenn eine neue Seite beginnt. Wenn du eine Quelle mehrmals in deinem Aufsatz verwendest, musst du trotzdem jedes Mal eine neue Fußnote vergeben. Den Textverweis schreibst du nur beim ersten Mal vollständig. Danach darfst du die Kurzversion verwenden: Autor/Herausgeber und Erscheinungsjahr. Ist der Autor unbekannt, nennst du den Titel und das Erscheinungsjahr.
Beispiel: *Wir werfen so viel weg, weil wir unachtsam und damit zu viel und/oder unnötig einkaufen. „Wir eilen [...] in den Supermarkt – ohne zu wissen, was wir wirklich brauchen. Also greifen wir zu dem, was am leckersten aussieht oder worauf wir gerade Hunger haben.“[1] Ohne das vorherige Nachdenken über den Einkauf und den Einkaufszettel lassen sich viele von Sonderangeboten, Familienpackungen und Rabattaktionen verleiten und kaufen spontan nach Lust und Appetit ein.[2]*

Quellenverzeichnis:
1 Bundesanstalt für Landwirtschaft und Ernährung: Warum werfen wir Lebensmittel weg? Aus: Zu gut für die Tonne!, Bonn 09.01.2020. https://www.zugutfuerdietonne.de/strategie/bund-und-laender/bundesministerium-fuer-ernaehrung-und-landwirtschaft; Stand: 24.02.2022 (gekürzte Version)
2 vgl. Bundesanstalt für Landwirtschaft und Ernährung, 2020

Einen Textverweis richtig lesen

Verweise auf Quellen stehen nicht nur in Klammern oder im Quellenverzeichnis. Um einen Bezug herzustellen, verwendet man in seinen eigenen Formulierungen auch Teile aus der genutzten Quelle, z. B. den Autor, die Quellenart (z. B. Artikel, Reportage), den Titel der Quelle oder das Erscheinungsjahr. Deshalb musst du wissen, wie ein Quellenbeleg aufgebaut ist.

Zitate aus einem Buch

Beispiel: *Jonathan Safran Foer: Wir sind das Klima!: Wie wir unseren Planeten schon beim Frühstück retten können. Kiepenheuer & Witsch, Köln 2019, S. 20*

Erklärung: Name des Autors oder Herausgebers (Hrsg.): Titel. Verlag, Verlagsort und Erscheinungsjahr, Seite (auf der sich das Zitat befindet)

Zitate aus Zeitschriften und Zeitungen

Beispiel: *Matthias Schmidt: Klimaschutz im Gegenwind, Stuttgarter Zeitung, 15.01.2020, S. 3*

Erklärung: Name des Autors: Titel des Textes, Name der Zeitschrift/Zeitung (in der der Text erschienen ist), Erscheinungsdatum (Zeitschrift/Zeitung) bzw. Nummer und Jahr der Ausgabe (Zeitschrift/Zeitung), Seite (auf der sich das Zitat befindet)

Zitate aus Internettexten

Beispiel: *Friederike Lübke: Warum Sie Ihr Kind ins Ausland schicken sollten. Aus: Die WELT, 24.01.2016. Online unter: https://www.welt.de/wirtschaft/karriere/bildung/article151387915/Warum-Sie-Ihr-Kind-ins-Ausland-schicken-sollten.html; Stand: 24.02.2022 (gekürzte Version)*

Erklärung: Autorin und/oder Autor (wenn bekannt): Titel, Name der Plattform, Erscheinungsdatum der Internetquelle, die vollständige Webadresse (URL) und das Datum, an dem die Quelle heruntergeladen wurde

B 7 Angeleitete Prüfungsaufgabe „Textgebundene dialektische Erörterung“

Im folgenden Kapitel übst du das Schreiben einer dialektischen Erörterung. Schritt für Schritt wird dir gezeigt, wie du mithilfe der gelesenen und ausgewerteten Informationen einen Aufsatz der Abschlussprüfung schreiben kannst.

Wie sehen die Prüfungsaufgaben zu diesem Wahlthema aus?

Du musst dich mit einem Thema, das dir in der Prüfung durch verschiedene Quellen (meist zwei oder drei) vorgegeben wird, argumentativ auseinandersetzen und dazu Stellung beziehen. Beim Schreiben folgst du einer bestimmten vorgegebenen Struktur.
Da es sich um eine **dialektische Erörterung** handelt, schreibst du **kontrovers**, d. h., du vergleichst gegensätzliche Argumente miteinander und diskutierst sie. Dies erkennst du bereits an Formulierungen, die in der Aufgabenstellung vorkommen können, z. B. „Möglichkeiten und Grenzen“, „Vor- und Nachteile“, „Für und Wider“, „positive und negative Aspekte“, „Chancen und Schwierigkeiten“ oder „Setze dich mit ... kritisch auseinander“.
In der Aufgabenstellung kann aber auch eine **Entscheidungsfrage** gestellt werden, also eine Frage, die mit „Ja“ oder „Nein“ beantwortet werden kann. Sie könnte z. B. lauten:
- „Sollte die Teilnahme an ‚Fridays for Future‘-Demos im Sinne der Demokratiebildung zur Unterrichtsverpflichtung werden?“
- „Ist ein Handyverbot an der Schule sinnvoll?“

Egal, ob die Prüfungsaufgabe als Frage oder Aufforderung formuliert wird, es geht immer um ein Problem, für das es keine eindeutige Lösung gibt.

Eine Aufgabe der Prüfung könnte beispielsweise lauten:

Erörtern Sie das Für und Wider jugendlichen Engagements am Beispiel der Initiative „Fridays for Future“. Verwenden Sie für Ihre Argumentation folgende Materialien:
- Beispiel 2: Fridays for Future
- Beispiel 4: Zitat von Greta Thunberg
- Beispiel 5: Cartoon zur „Fridays for Future“-Bewegung

Begründen Sie Ihre eigene Meinung.

Im Lösungsheft auf Seite 20 findest du zu dieser Aufgabe die Musterlösung.

INFO Prüfungsaufgabe

Bedenke, dass die Formulierung der Prüfungsaufgabe variieren kann. Achte daher immer auf die Inhalte, die dir vorgegeben werden. Es handelt sich stets um eine dialektische, also kontroverse, Erörterung, in der du Argumente aufzeigen und deine eigene Meinung begründen musst. Die hier aufgelisteten Quellen befinden sich in der Prüfung unter der gestellten Aufgabe und werden daher nicht extra aufgeführt.

Um die Prüfungsaufgabe planvoll und konzentriert zu bearbeiten, gehst du folgendermaßen vor:

Erster Schritt: **Die Aufgabe verstehen, die vorgegebenen Materialien lesen und auswerten**
Zweiter Schritt: **Einen Schreibplan anfertigen**
Dritter Schritt: **Den Aufsatz ausformulieren**
Vierter Schritt: **Den Aufsatz überarbeiten**

Erster Schritt: Die Aufgabe verstehen, die vorgegebenen Materialien lesen und auswerten

Dieser Schritt ist die wichtigste Aufgabe, denn die Materialien sind Grundlage deiner textgebundenen Erörterung. Lies dir alles genau durch und werte jedes Material vollständig aus. Berücksichtige die vorherigen Übungen zum Umgang mit verschiedenen Quellen.

TIPP Zeit im Blick haben

Du musst deine Prüfungszeit von 240 Minuten gut einteilen, denn du musst drei Prüfungsteile bearbeiten. Trainiere das schon beim Üben und organisiere für die einzelnen Schritte deine Zeit.

1 Lies die Aufgabenstellung von Seite 75 noch einmal und beantworte folgende Fragen:

a) Welches Thema musst du erörtern?

____

b) Sichte die Materialien, die dir für deine Argumentation vorliegen und welche Standpunkte sie jeweils einnehmen. Schreibe deine Ergebnisse in Form der folgenden Tabelle auf ein extra Blatt.

Material	**Standpunkte – Pro und Kontra „Fridays for Future“**
Beispiel 2: Fridays for Future	

c) Schreibe aus den Materialien die Argumente zu den unterschiedlichen Standpunkten heraus. Fasse inhaltlich gleiche Argumente zusammen. Notiere dir jeweils in Klammern kurz die Quelle(n).

Jugendliches Engagement am Beispiel der Initiative „Fridays for Future“

Für	**Wider**
Klimawandel geht alle an – es gibt keine zweite Chance/Welt (Beispiel 2, Schüler)	Verletzung der Schulpflicht (Beispiel 2, Schulleiter Reuber, Schulamt), Angst von Schülern vor Sanktion in der Schule (Beispiel 2, Schüler)

d) Schreibe weitere eigene Argumente in die Tabelle, die deiner Ansicht nach noch zum Thema passen und für die Argumentation wichtig sind.

INFO Eigene Argumente

Auch wenn es sich um eine textgebundene Erörterung handelt, musst du neben den Argumenten aus den Materialien eigene plausible Argumente im Hauptteil deines Aufsatzes anbringen. Diese müssen nicht deiner eigenen Meinung entsprechen, es handelt sich vielmehr um Sichtweisen, die durch die Quellen noch nicht zur Sprache gekommen sind. Hier ist dein Vorwissen gefragt.

Zweiter Schritt: Einen Schreibplan anfertigen

Ein Schreibplan ist der rote Faden, der dir beim Schreiben deines Aufsatzes hilft. Du kannst dadurch gezielter formulieren, verzettelst dich nicht, wiederholst dich nicht und vergisst keine wichtigen Gedanken. Notiere den Schreibplan auf das Konzeptpapier. Er beginnt mit deiner eigenen Positionierung zu dem gestellten Thema bzw. der vorgegebenen Aufgabenstellung. Deine Meinung ist besonders wichtig, weil sich der Aufbau deiner Erörterung danach richten muss. Bist du für oder gegen jugendliches Engagement im Rahmen der „Fridays for Future“-Initiative oder stimmst du nur teilweise zu? Begründe deinen Standpunkt.

Aus deiner eigenen Positionierung leitet sich die Anordnung der aufgeführten Argumente ab. Du gewichtest jetzt die Argumente: Welche sind stark und überzeugend, welche sind schwach und überzeugen weniger? Im Lösungsheft findest du einen Musteraufsatz. Schau ihn dir aber erst an, wenn du selbst alle Arbeitsschritte durchlaufen hast – also einen eigenen Schreibplan und den Aufsatz geschrieben hast.

Dritter Schritt: Den Aufsatz ausformulieren

Eine textgebundene dialektische Erörterung besteht aus drei Teilen: Einleitung, Hauptteil und Schluss.

Einleitung	– kurze Darstellung des Themas – Nennung der Textsorte, des Titels, der Autorin / des Autors und der Quellenangabe – Überleitung zum Hauptteil
Hauptteil	– Argumente aus den Materialien aufführen – auf die Materialien Bezug nehmen (zitieren, auf Quellen verweisen) – eigene nachvollziehbare und zum Thema passende Argumente einbauen
Schluss	– Zusammenfassung – eigene Position beziehen und begründen – Fazit, Appell

Eine Einleitung schreiben

Eine Einleitung besteht aus wenigen Sätzen. In diesen musst du das Thema deiner Erörterung kurz benennen und die Problemstellung bzw. Streitfrage aufzeigen. Um Interesse beim Leser zu wecken, kannst du hier auch auf dein Vorwissen zurückgreifen, z. B. indem du einen aktuellen Bezug zum Thema herstellst. Ebenso kann ein im Thema stehendes Schlüsselwort erklärt/definiert werden. Das schafft eine Grundlage für die anschließende Argumentation. Das vorhandene Material kann dir hier Impulse geben, aber Vorsicht: Du darfst an dieser Stelle noch keine Argumente vorwegnehmen, diese gehören in den Hauptteil. Ebenfalls darf in der Einleitung noch keine eigene Meinung formuliert werden, diese gehört in den Schlussteil deiner Erörterung. Pass also auf, dass du durch deine Formulierungen nichts vorwegnimmst.

Formulierungshilfen

Die folgenden Satzanfänge können dir dabei helfen, eine Einleitung zu schreiben.

- Immer wieder liest man von/über …
- Nichts bestimmt den Alltag Jugendlicher so sehr wie …
- In meiner Erörterung geht es um das Thema …
- In der folgenden Erörterung möchte ich mich mit … beschäftigen.
- In dieser gehe ich auf die Frage … ein.
- Im Folgenden gehe ich auf die Frage ein, …

Einen Hauptteil schreiben

Jetzt brauchst du deinen Schreibplan und die vorliegenden Materialien. Deine zuvor gewichteten Argumente müssen nun thematisiert und diskutiert werden. Dies kann auf zweierlei Weisen geschehen: entweder nach dem sogenannten Sanduhr-Prinzip oder nach dem Reißverschluss-Prinzip.

<table>
<tr><th>Sanduhr-Prinzip</th><th>Reißverschluss-Prinzip</th></tr>
<tr><td>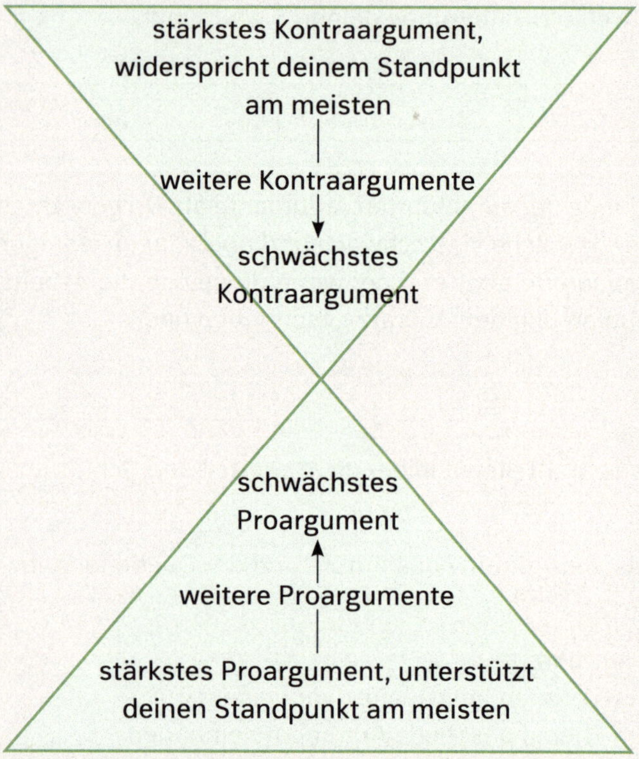
</td><td>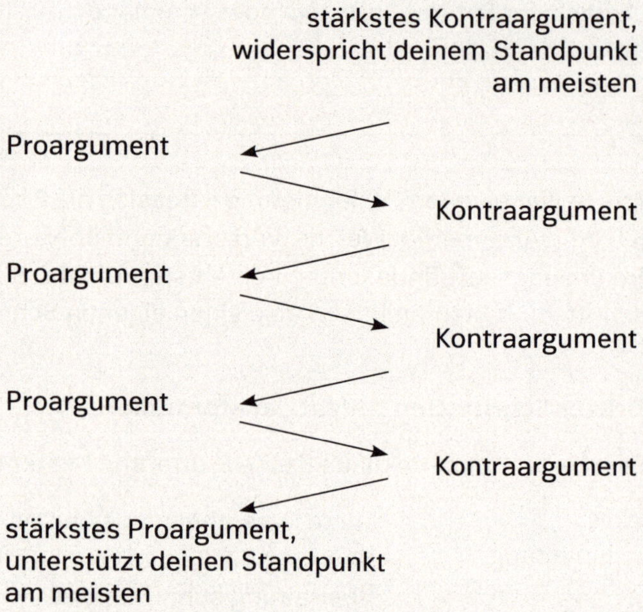
</td></tr>
<tr><td>Im Hauptteil beginnst du mit dem Argument, das deiner eigenen Position am stärksten widerspricht. Es folgen weitere Kontraargumente bis zum schwächsten. Nun nennst du die Proargumente vom schwächsten zum stärksten. Denn das, was man zuletzt liest, bleibt am stärksten in Erinnerung und unterstützt so deinen im Schluss folgenden eigenen Standpunkt.</td><td>Im Hauptteil stellst du die Pro- und Kontraargumente im Wechsel gegenüber. Auch hier endest du mit den Argument, welches am stärksten für deinen eigenen Standpunkt spricht.</td></tr>
</table>

Formulierungshilfen, die …

… Argumente miteinander verknüpfen	… Argumente gegenüberstellen
außerdem …, weiterhin …, des Weiteren … dazu/hinzu kommt … ein weiteres Argument dafür/dagegen ist … damit zusammenhängend … zudem …, ebenso …, ebenfalls … nicht nur …, sondern auch …	einerseits …, andererseits dafür spricht …, dagegen spricht dem entgegen … auf der einen Seite …, auf der anderen Seite … aber …, jedoch …, allerdings …, im Gegensatz dazu …

Weitere Formulierungshilfen findest du im Lösungsheft.

Einen Schluss schreiben

Der Schluss rundet deine Erörterung ab. Er darf keine neuen Argumente enthalten. Du fasst lediglich die Ergebnisse zusammen und formulierst deine eigene Position zum Thema. Verdeutliche deinen Standpunkt. Dies schreibst du in der Ich-Form. Am Ende deines Aufsatzes verfasst du ein Fazit, einen Ausblick auf Zukünftiges. Dies kann auch in einer Aufforderung oder einem Appell münden.

Vierter Schritt: Den Aufsatz überarbeiten

In diesem Schritt liest du deinen Aufsatz noch einmal vollständig durch. Achte auf Formulierungen, an denen du beim Lesen hängen bleibst. Oftmals stimmt an diesen Stellen etwas nicht, z. B. die grammatische Satzstruktur oder der Übergang ist zu holprig.
Zur Aufsatzkontrolle kannst du beim Üben deinen Aufsatz laut lesen. So findest du leichter unklare Stellen.
Nutze die Checkliste und prüfe damit, ob alle Bestandteile des Aufsatzes enthalten sind.
Wenn dir das Überarbeiten des eigenen Aufsatzes schwerfällt, kannst du dir auch durch eine andere Person Rückmeldung einholen.

Checkliste für eine textgebundene dialektische Erörterung

CHECKLISTE zur Aufsatzüberarbeitung

Überprüfung des Inhalts	**erfüllt**	**nicht erfüllt**
☑ Wurde das Thema in der Einleitung kurz dargestellt?	☐	☐
☑ Wurden die Argumente aus den Materialien im Hauptteil kontrovers thematisiert?	☐	☐
☑ Hast du durch passende Zitate und Verweise Bezug zu den Materialien genommen?	☐	☐
☑ Hast du eigene passende Argumente eingebunden?	☐	☐
☑ Bestehen deine Argumente aus Behauptung, Begründung(en) und Beispiel(en)?	☐	☐
☑ Sind im Schluss die Ergebnisse/Kernaussagen zusammengefasst worden?	☐	☐
☑ Hast du im Schluss deine eigene Position aufgezeigt und verdeutlicht?	☐	☐
☑ Endet dein Aufsatz mit einem zum Thema passenden Fazit, Ausblick oder einer Aufforderung?	☐	☐
Überprüfung der Form		
☑ Sind alle Teile (Einleitung, Hauptteil und Schluss) in deinem Aufsatz enthalten?	☐	☐
☑ Hast du zwischen den Abschnitten Absätze gesetzt und damit deinen Aufsatz gegliedert?	☐	☐
☑ Sind Überleitungen zwischen den Argumenten und Abschnitten gegeben?	☐	☐
☑ Wurde der Hauptteil sachlich verfasst?	☐	☐
☑ Hast du im Schluss deine Position in der Ich-Form formuliert?	☐	☐
☑ Entsprechen deine Zitate den geltenden Zitierregeln?	☐	☐
Überprüfung des Ausdrucks		
☑ Passen die wörtlichen Zitate grammatikalisch in deinen Text?	☐	☐
☑ Hast du auf Umgangssprache und Dialektwörter verzichtet?	☐	☐
☑ Sind die Formulierungen abwechslungsreich?	☐	☐
☑ Stimmt die Satzstruktur?	☐	☐
☑ Setzt du Kommas und Satzendpunkte richtig?	☐	☐

Nachdem du deinen eigenen Aufsatz überarbeitet hast, kannst du ihn mit dem Musteraufsatz vergleichen. Du findest ihn im Lösungsheft ab Seite 21.

B 8 Schritt-für-Schritt-Übungen „Eine Textbeschreibung erarbeiten“ (Lyrik)

Die Aufgabe im **Wahlteil B** der Realschulabschlussprüfung bezieht sich auf eine dialektische Erörterung, ein **Gedicht** oder einen Erzähltext (Prosa). Es gibt keine genauere Anweisung. Du musst in der Prüfung also selbst Bescheid wissen, was genau in deiner Textbeschreibung enthalten sein soll und wie du deinen Aufsatz aufbauen musst. Aber keine Sorge: In diesem Kapitel übst du an einem Beispiel, in welchen Schritten du ein Gedicht untersuchen kannst und wie du anschließend deinen Aufsatz formulierst. Obwohl du in der Prüfung nicht alle Teile einer kompletten Textbeschreibung erarbeiten musst, bekommst du hier die Möglichkeit, alles zu üben. Das ist wichtig, weil man nicht weiß, was Gegenstand der Prüfung sein wird.

Erster Schritt: Das Gedicht lesen

Das Gedicht, das du beschreiben sollst, heißt „Kleine Auseinandersetzung“.

1 Notiere zunächst stichwortartig, was dir zu dieser **Überschrift** alles einfällt:

____

____

Ein Gedicht besteht aus sehr viel weniger Wörtern als die meisten erzählenden Texte. Es ist ein „verdichteter“ Text, den du als Leser entflechten musst. Der Autor hat dafür jedes einzelne Wort ganz bewusst und gezielt ausgewählt. Du solltest deshalb beim Lesen eines Gedichtes auch auf jedes einzelne Wort achten und das Gedicht **mehrmals durchlesen**. Markiere und notiere nun beim Lesen mit Bleistift alles, was dir an dem Text auffällt (z. B. besondere Wörter, deren Anordnung, Satzzeichen ...).

Kleine Auseinandersetzung
Mascha Kaléko

Text in alter Rechtschreibung

Du hast mir nur ein kleines Wort gesagt,
Und Worte kann man leider nicht radieren.
Nun geht das kleine Wort mit mir spazieren
Und nagt ...

Uns reift so manches stumm in Herz und Hirn,
Den andern fremd, uns selbst nur nah im stillen.
Das schläft, solang die Lippen es verhüllen,
Entschlüpft nur unbewacht, um zu verwirrn.

Was war es doch? Ein Nichts. Ein dummes Wort ...
So kurz und spitz. Leis fühlte ich das Stechen.
In solchen Fällen kann ich selten sprechen,
Drum ging ich fort.

Nun wird ein Abend wie der andre sein,
Sinnlos mein Schweigen, ziellos mein Beginnen.
Leer wird die Zeit mir durch die Finger rinnen.
Das macht: ich weiß mich ohne dich allein.

… Ich muß schon manchmal an das Ende denken
Und werde dabei langsam Pessimist.
So ein paar kleine Silben können kränken.
– Ob dies das letzte Wort gewesen ist?

Quelle: Mascha Kaléko: Das lyrische Stenogrammheft. Kleines Lesebuch für Große. Rowohlt Taschenbuchverlag GmbH, Reinbek bei Hamburg 2002

Zweiter Schritt: Den Inhalt erarbeiten

Bei der Beschreibung des Inhalts sollst du darauf eingehen, **WAS** in dem Gedicht steht. Ein Gedicht hat meist keine Handlung wie ein Erzähltext, sondern geht eher auf eine Situation, einen Zustand oder ein Gefühl ein.

TIPP Farben verwenden

Lege für die einzelnen Schritte bestimmte Farben fest (z. B. Inhalt = rot) und behalte diese für andere Gedichte bei. So behältst du beim Schreiben eines Aufsatzes den Überblick.

1 Du hast das Gedicht von Mascha Kaléko schon einige Male gelesen. Was, denkst du, ist das **Thema**? Kreuze an:

Langeweile und Einsamkeit ☐
Folgen der Verwendung von Schimpfwörtern ☐
Gefühle nach einem Streit ☐
Pessimismus ☐

Nun schau noch etwas genauer hin.

2 Suche die Antworten zu folgenden Fragen im Text und **markiere** sie dort farbig. Notiere sie zusätzlich hier:

a) Welche Personalpronomen (z. B. er, sie, wir) kommen vor?

___

___

b) Was ist der Anlass für die „kleine Auseinandersetzung“, also für den Streit?

___

c) Welche Wirkung hat das „kleine Wort“?

___

d) Was ist nach dem Streit passiert?

___

e) Welche Gefühle herrschen nach dem Streit vor?

___

f) Welche Frage steht im Raum?

___

INFO Ich und du

Ein „Ich“ im Gedicht wird „lyrisches Ich“ genannt. Du solltest es aber nicht mit dem Autor verwechseln. Es ist lediglich der Sprecher bzw. die Sprecherin. Ein „Du“ kannst du mit „Adressat“ oder „der/die Angesprochene“ umschreiben.

Nun solltest du den Inhalt des Gedichtes Strophe für Strophe kurz zusammenfassen.

3 Das ist für das vorliegende Gedicht schon erledigt worden, leider ist die Reihenfolge aber etwas durcheinandergeraten. Kannst du für Ordnung sorgen? Nummeriere durch.

☐ *Das lyrische Ich denkt manchmal schon darüber nach, ob eine Versöhnung noch möglich ist oder ob die Auseinandersetzung das Ende der Beziehung oder Freundschaft bedeutet.*

☐ *Die Kränkung erfolgte durch eine Nichtigkeit, die eigentlich schon vergessen ist. In der Streitsituation konnte das lyrische Ich nichts sagen.*

☐ *Menschen hegen persönliche Gefühle oder Gedanken in sich, die sie manchmal versehentlich äußern, wodurch es zu Missverständnissen kommen kann.*

☐ *Das lyrische Ich beschäftigt eine an es gerichtete Äußerung, die es nicht vergessen kann.*

☐ *Nach der Auseinandersetzung fühlt sich das lyrische Ich einsam. Es weiß mit seiner Zeit nichts mehr anzufangen.*

Dritter Schritt: Die Sprache untersuchen

Die Sprache von Gedichten unterscheidet sich von unserer Alltagssprache. Man nennt sie „lyrisch“ und meint damit, dass sie bilderreich und kreativ ist. Manche Gedichte sind deshalb zunächst nicht leicht zu verstehen. Du weißt sicher schon, dass Schriftsteller sogenannte **sprachliche** (oder stilistische) **Mittel** verwenden, um eine besondere Wirkung ihrer Texte zu erzielen. Diesen Code musst du kennen und knacken, um zu einem umfassenden Verständnis des Gedichtes zu kommen. Bei der Beschreibung der Sprache sollst du also darauf eingehen, **WIE** etwas ausgedrückt wird und welche Wirkung dadurch erzeugt wird.
Die wichtigsten sprachlichen Stilmittel findest du auf Seite 140 f. im Glossar in einer Tabelle zusammengestellt. Diese solltest du anwenden können.

1 Überprüfe deine Kenntnisse, indem du folgende Beispiele den entsprechenden Stilmitteln zuordnest:

– „Wassermelonen – grüne Buddhas am Obststand“	Euphemismus (Beschönigung)
– „zärtlich wie eine Feder“	Metapher (verkürzter Vergleich)
– „Der Wald schweigt still“	Vergleich
– „entschlafen“	Personifikation (Vermenschlichung)
– „mit Mann und Maus“	Ellipse (verkürzter Satz)
– „Wer jetzt kein Haus hat, [...] Wer jetzt allein ist, [...]“	Anapher (Wiederholung am Versanfang) Enjambement (Zeilensprung)
– „Hörst du nicht die Bäume rauschen Draußen durch die stille Rund?“	Wiederholung Alliteration (Stabreim)
– „je schneller, desto besser“	
– „Singet leise, leise, leise“	

INFO Metapherntheorie

Genau genommen ist die Metapher ein Überbegriff für alle Formen von bedeutungsmäßigen Übertragungen. Somit kann auch eine Personifikation oder ein Vergleich als Metapher angesehen werden. Wenn du dir bei diesen Fällen mit der Zuordnung also nicht ganz sicher bist, liegst du mit „Metapher“ immer richtig.

Auch Mascha Kaléko hat in ihrem Gedicht „Kleine Auseinandersetzung“ mehrere sprachliche Mittel verwendet.

2 Lies das Gedicht daraufhin durch und **markiere** sie **mit einer zweiten Farbe**.
Notiere sie anschließend auf einem separaten Blatt bei den passenden Fachbegriffen:

a) Personifikation (2 x)
b) Alliteration
c) Ellipse
d) Inversion

Nachdem du die sprachlichen Mittel identifiziert hast, solltest du ihre **Bedeutung** und **Wirkung** untersuchen und erläutern. Das ist nicht ganz einfach, gelingt dir mit etwas Übung aber sicherlich immer besser. Du kannst sie beispielsweise in eigene Worte übersetzen, sie kommentieren, deuten und enträtseln. Dadurch stellst du auch einen Bezug zum Inhalt des Gedichtes her.

3 Hier sind schon beispielhaft Notizen zur Bedeutung eines Stilmittels gemacht.
Versuche dasselbe für die restlichen.

Beispiel: „Nun geht das kleine Wort mit mir spazieren“ (V. 3) → Personifikation
ständiger Begleiter — lässt das lyrische Ich nicht mehr los — in Beschlag genommen durch die Kränkung

a) Personifikation (2 x)
b) Alliteration
c) Ellipse
d) Inversion

Auffällig an diesem Gedicht ist auch die Verwendung einiger **Satzzeichen**. Sie können ebenfalls gedeutet werden.

4 Suche für die folgenden Satzzeichen eine passende Deutung aus und kreuze an:

a) „Und nagt ...“ (V. 4)
Die drei Punkte stehen für ...
„... weiter und weiter.“ ☐
„... noch dreimal.“ ☐
„... nicht mehr.“ ☐

b) „Ein dummes Wort ...“ (V. 9)
Die drei Punkte stehen für ...
„... mit drei Buchstaben.“ ☐
„..., an das ich immer noch denken muss.“ ☐
„..., das ich schon vergessen habe.“ ☐

c) „Das macht:“ (V. 16)
Der Doppelpunkt steht für ...
... den Anfang einer wörtlichen Rede. ☐
... eine Gedankenpause. ☐
... eine einschneidende Feststellung. ☐

d) „– Ob dies das letzte Wort gewesen ist?“ (V. 20)
Der Gedankenstrich steht für ...
... den Schlussstrich, der vielleicht unter die Beziehung gezogen wird. ☐
... eine Atempause. ☐
... eine zusätzliche Information. ☐

Vierter Schritt: Die Form untersuchen

Gedichte sind meist auf den ersten Blick als solche zu erkennen. Das liegt an ihrer **äußeren Form**, die dich vielleicht an einen Liedtext erinnert. Damit liegst du gar nicht so ganz falsch, denn ursprünglich wurden Gedichte zur Musik einer Lyra, einem alten Saiteninstrument, gesprochen – so wie das heute die Rapmusiker machen.

Auch die **Strophen- und Gedichtform** sowie eventuell der Reim tragen zur Gesamtaussage bei und sollten deshalb von dir beschrieben werden.

Folgende Strophen- und Gedichtformen solltest du kennen:

INFO Vers und Strophe

Eine Zeile im Gedicht heißt Vers.
Der Abschnitt eines Gedichtes heißt Strophe.

Terzett → Strophe mit drei Versen
Quartett → Strophe mit vier Versen
Sonett → zwei Quartette und zwei Terzette

1 Was kannst du zur Strophen- bzw. Gedichtform von Mascha Kalékos „Kleine Auseinandersetzung“ herausfinden? Inwiefern unterscheidet sich der vierte Vers deutlich von den anderen?

Die verschiedenen **Reimmuster** kannst du sehr gut an Michael Schönens Gedicht „Das ABCD der Dichtung“ wiederholen.

2 Markiere die Reimwörter und beschrifte gleiche Reime mit denselben Buchstaben. Übertrage die Muster dann jeweils in den Merkkasten. Falls du Schwierigkeiten hast, kannst du im Glossar auf Seite 136 nachschauen.

Das ABCD der Dichtung *Michael Schönen*

I. Der Kreuzreim

Ich schreibe jetzt ein Reimgedicht. *a*
Doch siehe da: Es reimt sich kaum,
und wenn es ihm am Reim gebricht, *a*
dann ist es keins. Und aus der Traum! […]

II. Der Paarreim

Sehr einfach kommt dagegen der
unkomplizierte Reim daher;
zwei Zeilen nur, schon ist er da –
er reimt sich lediglich AA. […]

III. Der umarmende Reim

Ein andrer Reim, der niemals trennt,
sich vielmehr innig festhält, ja
umklammert, reimt A B B A –
weshalb man ihn umarmend nennt. […]

Quelle: Michael Schönen: Frohe Kunden. Fischer Taschenbuch Verlag, Frankfurt 2009

Kreuzreim

Paarreim

Umarmender Reim

ABER: Die meisten modernen Dichter verzichten auf den Reim, da er als einschränkend empfunden wird. Man spricht bei Gedichten ohne Reim von **freien Versen**.

Freie Verse

3 Untersuche nun die „Kleine Auseinandersetzung“ auf ihr Reimmuster hin.
Was fällt dir in der letzten Strophe auf?

Das Reimmuster der ersten vier Strophen ist ein ______________________________.

In der letzten Strophe wechselt das Reimmuster zum ______________________________.
Auch bei der Formbeschreibung solltest du versuchen, einen **Bezug zum Inhalt** herzustellen.

4 Inwiefern passt das regelmäßige Reimschema der ersten vier Strophen zum Inhalt des Gedichtes? Ist das nicht ein Widerspruch?

5 Inwiefern ist der Wechsel des Reimschemas in der letzten Strophe inhaltlich begründet?

Fünfter Schritt: Die Textintention ermitteln

Nachdem du das Gedicht ausführlich auf seinen Inhalt sowie sprachliche und formale Besonderheiten hin untersucht hast, sollst du nun alle deine Erkenntnisse in der **Textintention** zusammenführen. Unter der Intention versteht man die Absicht, die mit bzw. in dem Text verfolgt wird. Eine Absicht könnte beispielsweise sein, den Leser auf etwas aufmerksam zu machen, ihn zum Nachdenken anzuregen, ihm etwas zu vermitteln oder ihn zu etwas aufzufordern.

1 Einige Stichworte zur Intention des Gedichtes „Kleine Auseinandersetzung“ sind hier schon notiert. Versuche, weitere zu finden.

Man soll mit Worten vorsichtig sein; über das eigene Verhalten bei Konflikten nachdenken;

____

____

Sechster Schritt: Die eigene Meinung darstellen

Ganz zum Schluss kommst du mit deiner **persönlichen Meinung** zum Thema des Gedichtes zu Wort. Deine Meinung musst du auch unbedingt begründen. Damit ist nicht gemeint, dass du das Gedicht bewerten sollst (z. B. „Ich finde das Gedicht viel zu schwierig.“), sondern dass du deine persönlichen Gedanken zum Thema formulierst.

1 Beantworte folgende Fragen zu deiner Meinung:
a) Denkst du, dass Beziehungen oder Freundschaften aufgrund einer verbalen Kränkung scheitern können? Begründe.
b) Wie hättest du dich in der Situation des lyrischen Ichs verhalten?
c) Spricht dich das Gedicht an? Warum (nicht)?

Siebter Schritt: Den Aufsatz ausformulieren

Nun folgt der vorletzte, sehr große Schritt. Du musst alle deine Untersuchungsergebnisse in einem zusammenhängenden Text unterbringen. Achte dabei auf eine **sachliche Ausdrucksweise**. Deine persönlichen Gedanken und Gefühle sollst du nur im letzten Abschnitt äußern. Formuliere deine Textbeschreibung überwiegend im **Präsens** (= Gegenwartsform).
Wie die meisten anderen Aufsätze besteht auch eine Textbeschreibung aus den drei Teilen **Einleitung**, **Hauptteil** und **Schluss**. Durch das Bearbeiten der folgenden Aufgaben wirst du in kleinen Abschnitten durch die Ausarbeitung geführt.

EINLEITUNG

Der erste Satz

Bei der Textbeschreibung gibst du im ersten Satz an, welchen Text (Titel und Textsorte) du beschreiben wirst und welche Quelle du verwendest. Die **Quellenangabe** steht auf dem Textblatt unter dem Gedicht. Du kannst folgenden Mustersatz einfach auswendig lernen, dann sollte dir der Anfang nicht schwerfallen.

> Das Gedicht *„Titel“* von *Autor* ist *Jahr* in dem Buch *„Titel“* im *Verlag* veröffentlicht worden.

1 Markiere in den folgenden Quellenangaben zu Prüfungsgedichten der letzten Jahre jeweils folgende Angaben: Autor (grün), Titel des Gedichtes (rot), Titel des Buches (blau), Verlag (gelb), Jahr der Veröffentlichung (schwarz).

INFO Quellenangabe

Wenn du bei den Quellenangaben genau hinschaust, wirst du feststellen, dass es verschiedene Darstellungsweisen gibt. Leider wird dies bei den Prüfungsaufgaben nicht immer gleich gehandhabt. Lasse dich dadurch nicht verwirren, sondern wähle einfach die Angaben aus, die du für den ersten Satz benötigst.

a) „Gestutzte Eiche“
Quelle: Hermann Hesse, Vom Baum des Lebens, Ausgewählte Gedichte, Insel Bücherei Nr. 454, Insel-Verlag, 1957

b) „Die Liebe“
Quelle: Reiner Kunze: gespräch mit der amsel. Fischer-Verlag, Frankfurt 1984, S. 7 f.

c) „Traf jemand“
Quelle: Günter Kunert: Unruhiger Schlaf. Gedichte. Deutscher Taschenbuchverlag, München 1979. Lizenz des Carl Hanser Verlags München.

d) „Kleine Auseinandersetzung“
Quelle: Mascha Kaléko: Das lyrische Stenogrammheft. Kleines Lesebuch für Große. Rowohlt Taschenbuchverlag GmbH, Reinbek bei Hamburg 2002

2 Formuliere nun zu jedem Gedicht einen ersten Satz. Die Informationen der Quellenangabe, die du nicht unterstrichen hast, brauchst du nicht zu berücksichtigen.

Formuliere im Anschluss **einen Satz zum Thema** des Gedichtes. Für die „Kleine Auseinandersetzung“ kannst du dafür bei Aufgabe **1** des zweiten Schrittes auf Seite 81 in diesem Kapitel nachsehen.

3 Vervollständige dann den folgenden Satz:

In dem Gedicht geht es um …

Zur Einleitung gehört auch noch eine **Inhaltsangabe** des Gedichtes. Dafür fasst du den Inhalt in eigenen Worten in wenigen Sätzen zusammen. Vielleicht hilft dir die Vorstellung, dass du jemandem, der das Gedicht nicht kennt, kurz darstellst, worum es in dem Gedicht geht. Dabei sollst du noch nichts erläutern oder beschreiben.

4 Lies dir folgende Inhaltsangabe zum Gedicht „Kleine Auseinandersetzung“ durch. Sie ist durch unnötige Ausführungen zu lang geworden. Streiche alle Sätze durch, die nicht unbedingt notwendig sind.

In dem Gedicht wurde das lyrische Ich von einem Freund oder Partner gekränkt und kann dies einfach nicht vergessen. Vermutlich war es ein sehr fieses Wort, denn sonst wäre die Kränkung nicht so heftig. Das lyrische Ich würde das Wort am liebsten wegradieren, was aber natürlich nicht geht. Es weist darauf hin, dass manche Menschen Gedanken und Gefühle in sich haben, die sie am besten für sich behalten sollten, da sie für andere nicht nachvollziehbar sind. Das lyrische Ich leidet sehr, dennoch kann es nicht darüber reden. Es fühlt sich einsam und weiß nichts mehr mit seiner Zeit anzufangen. Es weiß, dass nun jeder Abend gleich öde sein wird.
Vielleicht wird es sogar depressiv? Es denkt über das Ende der Beziehung bzw. Freundschaft nach, kommt aber zu keinem abschließenden Ergebnis. Das lyrische Ich sieht nun alles nur noch pessimistisch.

TIPP Abschnitte einbauen

Lasse zwischen Einleitung, Hauptteil und Schluss jeweils zwei Leerzeilen frei.

HAUPTTEIL

Im Hauptteil beschreibst du den **Inhalt**, die **Sprache** und die **Form** des Gedichtes. Dabei gehst du Strophe für Strophe durch das Gedicht. Es gibt zwei Möglichkeiten vorzugehen:

Variante A
Du formulierst die Beschreibung des Inhalts, der Sprache und der Form getrennt nacheinander in drei Abschnitten.
Vorteil: Du hast einen besseren Überblick und vergisst so nichts.
Nachteil: Du musst dich dreimal durch das gesamte Gedicht arbeiten. Dabei sollst du dich natürlich nicht wiederholen.

Variante B
Du gehst nur einmal durch das Gedicht und beschreibst für jede Strophe den Inhalt und die Sprache. Die Beschreibung der Form erledigst du in einem weiteren Abschnitt.
Vorteil: Du kannst Inhalt und Sprache besser aufeinander beziehen.
Nachteil: Diese Variante ist sprachlich anspruchsvoller.

Da beide Varianten Vor- und Nachteile haben, musst du einfach ausprobieren, welche dir besser liegt. Bei den folgenden Aufgaben gehen wir nach Variante A vor.

Beschreibung des Inhalts

Für jede Strophe sollst du nun den Inhalt **darstellen**, **umschreiben** und **erläutern**. Wichtige Wörter baust du als **Zitate** ein. Vergiss die **Überschrift** nicht! Sie kann Hinweise auf den Inhalt des Gedichtes liefern.

5 Bei Aufgabe 3 des zweiten Schrittes auf Seite 82 findest du Zusammenfassungen für jede Strophe, welche du nun ausformulieren sollst. Lies das Beispiel (zu Überschrift und Strophe 1) durch und arbeite dann die Beschreibung für die restlichen Strophen auf einem separaten Blatt aus.

Bereits der Titel des Gedichts „Kleine Auseinandersetzung“ deutet an, dass es in dem Gedicht vermutlich um einen Streit geht. Diese Vermutung bestätigt sich in der ersten Strophe. Das lyrische Ich hat von einem vertrauten Gegenüber, „Du“ (V. 1), ein „kleines Wort“ (V. 1) gehört, das nun mit dem lyrischen Ich „spazieren“ (V. 3) geht. Dass dies keine angenehme Äußerung war, kann man daran erkennen, dass das Wort am lyrischen Ich „nagt“ (V. 4). Es kann das Wort offensichtlich nicht vergessen; es hat sich tief eingebohrt. Da das Wort gesagt wurde, lässt es sich nicht einfach zurücknehmen, wie ein geschriebenes Wort, welches man einfach „radieren“ (V. 2) kann,

INFO Zitate

Du setzt das Wort bzw. die Worte, die du zitierst, in „Anführungszeichen“ und gibst direkt dahinter in (Klammern) den Vers (V. 1) an.

zumindest bis es von jemandem gelesen wurde. Es bleibt offen, in welchem Verhältnis das lyrische Ich und das erwähnte „Du“ (V. 1) genau stehen. Es könnte sich um eine Freundschaft, aber auch eine Liebesbeziehung handeln.

TIPP Formulierungshilfen

Die unterstrichenen Wendungen kannst du auch für die weiteren Strophen gut gebrauchen.
Hier sind noch weitere hilfreiche Verben: *hinweisen auf, zeigen, verweisen auf, feststellen, entnehmen aus, signalisieren, darstellen, bedeuten, aussagen, vermitteln, veranschaulichen.*
Achte auf einen abwechslungsreichen Ausdruck.

Beschreibung der Sprache

Hier sollst du die **sprachlichen Mittel**, die du herausgefunden hast, in einem zusammenhängenden Text **benennen** und **deuten**. Wichtig ist dabei, dass du einen **Bezug zum Inhalt** der jeweiligen Strophe herstellst. Auch eine auffällige Verwendung von **Satzzeichen** oder den völligen Verzicht darauf sollst du hier beschreiben und erläutern.

6 In den Aufgaben 2 – 4 des dritten Schrittes hast du die notwendigen Vorarbeiten geleistet. Lies dir wieder die beispielhafte Ausführung für die erste Strophe durch und versuche dann mithilfe der Stichworte eine Ausformulierung für die anderen.

Die Tatsache, dass das lyrische Ich das kränkende Wort nicht vergessen kann, wird untermalt durch die Personifikation „das kleine Wort [geht] mit mir spazieren“ (V. 3). Es wird so zum ständigen Begleiter und lässt das lyrische Ich nicht mehr los. Dadurch ist es wie in Beschlag genommen. Die drei Punkte im vierten Vers deuten zudem an, dass dieser Zustand noch weiter fortbestehen wird. Es ist nicht absehbar, dass das Streit auslösende Wort vergessen werden kann.

TIPP Formulierungshilfen

Die unterstrichenen Wendungen stellen Bezüge zwischen den Sätzen her.
Hier sind noch weitere Möglichkeiten: *deswegen, weil, obwohl, denn, aber, sondern, (je)doch, insofern, indem, wohingegen, sodass, wenn auch, damit, durch, trotz, zufolge, aufgrund, wegen.*
Versuche, viele davon in deinen eigenen Texten unterzubringen.

Beschreibung der Form

Du beschreibst die äußere Form des Gedichtes, d. h., du benennst die Strophen – und eventuell die Gedichtform. Gehe dabei auch auf den Reim ein. Interessant sind immer Abweichungen von einer bestimmten Form, da sie oft inhaltlich begründet sind. Versuche, solche Bezüge herzustellen.

7 In den Aufgaben 1 – 5 des vierten Schrittes hast du das Gedicht bereits formal untersucht. Versuche mithilfe dieser Ergebnisse, den folgenden Lückentext zu ergänzen.

Das Gedicht besteht aus ________ Strophen mit jeweils vier ________________. Die Verse sind bis auf ________________ Ausnahmen in etwa gleich lang. Der vierte Vers besteht nur aus zwei, der zwölfte aus ________ Wörtern. Die Kürze dieser Verse kann als Hinweis auf ________ ____ gelesen werden.
Mascha Kaléko hat einen regelmäßigen ______________ verwendet. In den ersten vier Strophen ist dies ein ______________________, in der letzten Strophe ein ______________ ______________________. Die Regelmäßigkeit des Reims stellt eigentlich einen

________________ zum ________________ des Gedichtes her. Es herrscht keine ____________ zwischen den Partnern mehr, denn ihre Beziehung scheint durch die Auseinandersetzung vor einem möglichen ____________. Vielleicht kann er aber eher als der Wunsch des lyrischen Ichs nach Harmonie aufgefasst werden. Der Reimwechsel vom verbindenden umarmenden Reim zum unterbrechenden Kreuzreim in der letzten Strophe nimmt vielleicht schon die Antwort auf ____________ des letzten Verses vorweg.

SCHLUSS

„Ein guter Schluss ziert alles“, lautet ein altes Sprichwort. Vielleicht geht dir aber an dieser Stelle schon fast die Puste aus? Dann mach vor dem Weiterarbeiten (auch in der Prüfung) eine kurze Pause, denn die nächsten beiden Abschnitte sind wichtig für das Gesamtergebnis deines Aufsatzes.

Die Intention des Gedichtes formulieren

Hier zeigst du, dass du alle inhaltlichen, sprachlichen und formalen Aussagen auf einen gemeinsamen Nenner bringen kannst: Was ist die **Absicht** des Gedichtes? Hier gibt es nicht nur eine „richtige“ Antwort, sondern unterschiedliche Leser können zu ganz unterschiedlichen Aussagen kommen, da sie vermutlich individuelle Erfahrungen mit Auseinandersetzungen gemacht haben. Wichtig ist jedoch, dass du beim vorliegenden Text bleibst und thematisch nicht abschweifst.

8 Verwende deine Stichworte aus Aufgabe 1 auf Seite 85 des fünften Schrittes sowie die folgenden Satzbausteine, um eine etwa halbseitige Textintention auf einem separaten Blatt zu formulieren.

TIPP Satzbausteine zur Textintention

Der Text will die Leser darauf aufmerksam machen, dass …
Der Leser wird zum Nachdenken über … angeregt.
Das Gedicht vermittelt …
Der Text fordert den Leser auf, … zu bedenken/beachten.
Das Gedicht kann den Anstoß geben zu …
Das Gedicht will bewirken, dass …
Die Absicht des Gedichtes besteht darin, …
Der Text sagt aus, dass …

Die eigene Meinung formulieren

9 Drei Schüler haben diesen Aufsatzteil bereits ausgearbeitet. Lies alle drei Texte durch und entscheide dann anhand der unten stehenden Kriterien, welchen du als besten auswählen würdest.

TIPP Kriterien für eine gute Darstellung der eigenen Meinung

- Die Meinung ist nachvollziehbar und verständlich dargestellt.
- Sie passt zum Thema des Gedichtes.
- Die Meinung ist begründet.
- Die Meinung bezieht sich im Wesentlichen auf die Darstellung des Themas und nicht auf die Qualität des Textes.
- Die persönliche Meinung ist nicht in Jugendsprache verfasst.

Beispiel A:

Ich fand das Gedicht eigentlich ganz gut. Ich habe auch so etwas Ähnliches schon mal erlebt, als ich nämlich Streit mit meiner Freundin hatte. Sie war sauer, weil ich sie nicht angerufen hatte. Eine ganze Woche hat sie dann nicht mehr mit mir geredet. Das war ganz schön hart. Ich habe dadurch aber gelernt, dass ich meine Versprechen besser einhalten sollte, wenn ich Freundschaften nicht aufs Spiel setzen will.

Beispiel B:
Das Gedicht von Mascha Kaléko fand ich ziemlich langweilig. Vielleicht liegt es auch daran, dass es schon etwas älter ist. Klar, es gibt heute auch noch Streit, aber ich kann eigentlich nicht verstehen, warum das lyrische Ich so beleidigt reagiert. Er oder sie hätte doch einfach sagen können, was los ist, dann hätte es auch nicht so viel Stress gegeben. Das Gegenüber hätte sich dann auch einfach entschuldigen können und alles wäre wieder o. k. gewesen.

TIPP Mascha Kaléko

Hat dir das Gedicht von Mascha Kaléko gefallen? Du findest unter www.lyrikline.org weitere Gedichte sowie eine Biografie von ihr und vielen anderen Autoren – auch in verschiedenen Sprachen.

Beispiel C:
Ich finde Mascha Kaléko hat in ihrem Gedicht ein Thema angesprochen, das viele Menschen jeden Tag betrifft. Immer wieder kann es in Gesprächen zu Missverständnissen kommen, was ich selbst auch schon öfters erlebt habe. So ist es auch dem lyrischen Ich ergangen. Ich denke nicht, dass sein Gegenüber absichtlich kränken wollte. Vielleicht war der Kommentar einfach als Spaß gemeint. Weil das lyrische Ich aber gar nichts sagte, sondern einfach wegging, weiß der oder die andere vermutlich nicht wirklich, was los ist. Vielleicht sollte das lyrische Ich versuchen, sich in den anderen oder die andere hineinzuversetzen. Ich finde, dass es aber auf jeden Fall ein Gespräch mit der anderen Person führen sollte, um dann hoffentlich wieder glücklich sein zu können.

Achter Schritt: Den Aufsatz kontrollieren und überarbeiten

Viele Schülerinnen und Schüler überspringen diesen letzten Schritt gerne, schließlich kontrolliert die Lehrkraft ja den Aufsatz. Du solltest die Chance zur Verbesserung vor der Bewertung aber unbedingt nutzen! Arbeite dafür mit der Checkliste auf Seite 133 und benutze ein Rechtschreibwörterbuch.

Für den besseren Überblick findest du hier eine Übersicht über den **Aufbau einer Textbeschreibung**.

Einleitung	erster Satz und Thema	Titel, Autor, Textsorte, Quelle Thema: Worum geht es in dem Gedicht?
Hauptteil	Beschreibung des Inhalts	Fasse den Inhalt des Gedichtes in ein bis zwei Sätzen kurz zusammen. Verwende dabei keine Zitate. Beschreibe und erläutere dann den Inhalt Strophe für Strophe. Stelle auch Bezüge zwischen den Strophen her. Vergiss die Überschrift nicht. Baue Zitate ein und kennzeichne sie.
	Beschreibung der Sprache	WIE ist der Inhalt dargestellt? Beschreibe die sprachliche Darstellung des Gedichtes und erläutere die Bedeutung der gewählten Worte und Stilmittel. Versuche, einen Bezug zum Inhalt herzustellen.
	Beschreibung der Form	Beschreibe die äußere Form des Gedichtes. Dazu gehören die Strophen- und Gedichtform sowie das Reimmuster. Versuche auch hier, Bezüge zum Inhalt aufzuzeigen.
Schluss	Intention	Was ist die Botschaft des Textes an die Leser?
	eigene Meinung	Wie denkst du persönlich über das Thema? Begründe deine Meinung nachvollziehbar.

B 9 Angeleitete Prüfungsaufgabe „Texte beschreiben“ (Lyrik)

In diesem Kapitel übst du die einzelnen Schritte der Textbeschreibung an einem weiteren Prüfungstext. Anhand von Fragen wirst du auf wesentliche Textstellen aufmerksam gemacht. Obwohl du in der Prüfung nicht alle Teile einer kompletten Textbeschreibung erarbeiten musst, bekommst du hier die Möglichkeit, alles zu üben. Das ist wichtig, weil man nicht weiß, was Gegenstand der Prüfung sein wird. Die Lösungshilfekästen helfen dir bei Unsicherheiten. Halte für die Bearbeitung eine Uhr bereit, mit der du deine Arbeitszeit für die einzelnen Schritte ermitteln kannst. Das ist wichtig, um nach und nach ein Gefühl für die Bearbeitungszeit von etwa 100 – 120 Minuten, die dir in der Prüfung zur Verfügung steht, zu bekommen. Falls du nicht das gesamte Kapitel am Stück bearbeiten kannst oder magst, notiere dir die benötigte Arbeitszeit für die erledigten Schritte, um am Ende deine Gesamtarbeitszeit auszurechnen. Halte auch einige Farbstifte bereit und sorge für eine ungestörte Arbeitsatmosphäre. Notiere die Antworten auf alle Fragen direkt an den entsprechenden Stellen am Gedicht. Arbeite bei den einzelnen Arbeitsschritten mit verschiedenen Farben (siehe Tipp Seite 81). Sollte der Platz nicht ausreichen, nimm ein extra Blatt für weitere Notizen.

Wann ist denn endlich Frieden (1968)

Wolf Biermann

Wann ist denn endlich Frieden
In dieser irren Zeit?
Das große Waffenschmieden
Bringt nichts als großes Leid

ES blutet die Erde
ES weinen die Völker
ES hungern die Kinder
ES droht großer Tod
ES sind nicht die Ketten
ES sind nicht die Bomben
ES
ist ja der Mensch
der den Menschen bedroht

Die Welt ist so zerrissen
Und ist im Grund so klein
Wir werden sterben müssen
Dann kann wohl Friede sein

ES blutet die Erde
ES weinen die Völker
ES hungern die Kinder
ES droht großer Tod
ES sind nicht die Ketten
ES sind nicht die Bomben
ES
ist ja der Mensch
der den Menschen bedroht

Quelle: Wolf Biermann Wann ist denn endlich Frieden. Aus: Ders.: Mit Marx und Engelszungen. Gedichte, Balladen, Lieder. Berlin: Wagenbach, 1976, S. 27

Erster Schritt: Das Gedicht lesen

1 Beachte zunächst nur die Überschrift **„Wann ist denn endlich Frieden“** und notiere:
- Wenn gefragt wird, wann endlich Frieden ist, was ist dann jetzt?
- Was versteht man unter Frieden? Welcher Zustand wird hier gewünscht?
- Was bedeutet Frieden für dich ganz persönlich?
- Kennst du verschiedene Formen von Frieden?
- Was fällt dir auf, wenn du deine Vorstellung von Frieden und die allgemein gültige Vorstellung vergleichst?
- Welche Dinge sind dir spontan noch zur Überschrift durch den Kopf gegangen?

LÖSUNGSHILFE Überschriften

Du kannst hier natürlich nur Vermutungen anstellen und die Fragen nicht abschließend beantworten. Es geht lediglich darum, dich auf das Thema des Gedichts einzustimmen.

2 Lies nun das gesamte Gedicht mehrfach durch. Traue dich auch, es einmal laut vorzutragen, und notiere mit Bleistift:
- Gibt es auffallende Wörter/Ausdrücke?
- Welche Wörter verstehst du nicht?
- Welche Stimmung herrscht in dem Gedicht?
- An welchen Stellen bist du beim lauten Sprechen hängen geblieben? Warum?
- Fällt dir sonst etwas auf?
- Hat dich etwas irritiert?
- Kommt dir etwas bekannt vor oder spricht dich besonders an?

3 Für die Einleitung deiner Textbeschreibung brauchst du bestimmte Informationen. Markiere sie im Text oder notiere auf einem extra Blatt.
- Wer hat das Gedicht verfasst?
- Wie lautet der Titel des Gedichts?
- Wann ist das Gedicht entstanden?
- Um was für eine Gedichtform handelt es sich?
- Wer hat das Gedicht herausgegeben?
- Gibt es einen Hinweis auf die Textquelle?
- Wann ist das Gedicht erschienen?
- In welcher Stadt ist das Gedicht erschienen?
- In welchem Verlag ist das Gedicht erschienen?
- Was ist das Thema des Gedichts?

Zweiter Schritt: Den Inhalt erarbeiten

1 Untersuche nun genau, was in den einzelnen Strophen steht. Markiere und notiere mit der Farbe, die du für den Inhalt festgelegt hast.
- Gibt es ein lyrisches Ich?
- Welche Haltung nimmt die Person ein?
- Gibt es einen Adressaten?
- Welche Frage wird ganz zu Beginn gestellt?
- Wie wird die Zeit beschrieben, auf die Bezug genommen wird?
- Wie wird der Ist-Zustand beschrieben? Was kennzeichnet ihn?

LÖSUNGSHILFE Perspektive

Das Gedicht ist ein Sonderfall, da nicht ein lyrisches Ich seine eigene Situation darstellt, sondern ein lyrischer Sprecher aus einer Beobachtungsposition heraus etwas schildert.

– Was ist nicht das Problem?
– Wer trägt stattdessen die Schuld an der Situation?
– Wie wird die Welt dargestellt?
– Wann wird dieser Zustand beendet sein?

2 Fasse nun den Inhalt jeder Strophe und des Refrains kurz in Stichworten zusammen.

LÖSUNGSHILFE Thema

Versuche, eine Überschrift (z. B. Krieg, Konflikte, menschenverursachtes Leid) für den Themenbereich zu finden, dem du dieses und ähnliche Gedichte zuordnen könntest.

3 Einordnung des Gedichts
– Kannst du das Gedicht in eine Epoche einordnen?
– Handelt es sich bei der beschriebenen Zeit um eine bestimmte Zeit?
– Kannst du einen Zusammenhang zu einem oder mehreren geschichtlichen Ereignissen sehen?

Benötigte Zeit: *Für die Untersuchung des Inhalts habe ich ________ Minuten benötigt.*

Zwischencheck Inhalt

4 Bevor du dich an den nächsten Schritt machst, kannst du mit dem Zwischencheck überprüfen, ob du den Inhalt des Gedichts richtig verstanden hast.

Frage	**richtig**	**falsch**	**weiß nicht**
a) Das lyrische Ich stellt die Frage, wann endlich Frieden sein wird.	☐	☐	☐
b) Die beschriebene Zeit wird als verrückt im positiven Sinn dargestellt.	☐	☐	☐
c) Der Begriff des Waffenschmiedens ist ganz wörtlich als altes Handwerk gemeint und bezieht sich auf die Kunst der Herstellung von Schwertern.	☐	☐	☐
d) Ketten und Bomben stehen für fehlende Freiheit sowie Zerstörung und Tod.	☐	☐	☐
e) Der Mensch wird als Verursacher von Hunger, Tod und Leid von allen Anklagepunkten freigesprochen.	☐	☐	☐
f) Die Welt wird als große Einheit dargestellt.	☐	☐	☐
g) Erst nach dem irdischen Leben, also im Zustand des Todes, kann es anscheinend Frieden geben.	☐	☐	☐

Sieh nun im Lösungsheft nach. Für jede richtige Antwort erhältst du einen Punkt.

Auswertung:

7 – 5 Punkte: Du bist ein Lesedetektiv! Du kannst dich an die nächsten Schritte machen.
4 – 3 Punkte: Schon ganz gut, aber ein paar Details hast du noch überlesen. Sieh besser noch mal nach.
2 – 0 Punkte: Hast du das Gedicht mehrmals und aufmerksam gelesen?

Dritter Schritt: Die Sprache untersuchen

Behalte wieder die Uhr im Blick. Verwende den Farbstift, den du für die Sprache festgelegt hast.

1 Versuche, folgende Stilmittel zu bestimmen und zu deuten:
- „Wann ist denn endlich Frieden | In dieser irren Zeit?“ (V. 1 f.)
- „Das große Waffenschmieden | Bringt nichts als großes Leid (V. 3 f.)
- „[...] blutet die Erde“ (V. 5)
- „[...] weinen die Völker“ (V. 6)
- „ES [...]“ (V. 5–11/18–24)
- „Die Welt ist so zerrissen“ (V. 14)

LÖSUNGSHILFE Stilmittel

Falls du hier Schwierigkeiten hast, nutze die Tabelle im Glossar auf Seite 140 f.

LÖSUNGSHILFE Zitate über Versgrenze

Wenn du ein Zitat, das über die Versgrenze hinausgeht, nutzen willst (z. B. um ein Enjambement zu erläutern), wird das Versende durch einen Strich „|“ symbolisiert.

2 Halte nun nach Satzzeichen Ausschau.
- Wo findest du welche?
- Was ist an der Verwendung auffällig?
- Welche Bedeutung haben die so gesetzten Satzzeichen?

Benötigte Zeit: *Für die Untersuchung der Sprache habe ich* ________ *Minuten benötigt.*

Zwischencheck Sprache

3 Alles richtig verstanden?

Frage	**richtig**	**falsch**	**weiß nicht**
a) Das erste Wort jeder Verszeile beginnt mit einem Kleinbuchstaben.	☐	☐	☐
b) Strophe 1 besteht aus zwei, Strophe 2 aus drei Hauptsätzen.	☐	☐	☐
c) Bei der Beschreibung des Ist-Zustands im Refrain erzeugen die Verben „bluten“, „weinen“, „hungern“ und „drohen“ eine düstere, verzweifelte Stimmung.	☐	☐	☐
d) Die Verben stammen alle aus dem Wortfeld „Liebe“.	☐	☐	☐
e) Das Adjektiv „groß“ hebt vier Nomen besonders hervor.	☐	☐	☐
f) „ES“ ist als Satzbeginn des Refrains durch die Schreibung mit Großbuchstaben besonders hervorgehoben.	☐	☐	☐

Sieh nun im Lösungsheft nach. Für jede richtige Antwort erhältst du einen Punkt.

Auswertung:

6–5 Punkte:	Du bist ein Sprachgenie! Du kannst dich an die nächsten Schritte machen.
4–3 Punkte:	Schon ganz gut, aber ein paar Details hast du noch nicht richtig verstanden. Sieh besser noch mal nach.
2–0 Punkte:	Du hast die sprachlichen Mittel noch nicht richtig verstanden. Gib nicht auf!

Vierter Schritt: Die Form untersuchen

Behalte wieder die Uhr im Blick.

1 Beantworte folgende Fragen und verwende den entsprechenden Farbstift.
- Wie viele Strophen hat das Gedicht?
- Aus wie vielen Versen bestehen die Strophen und der Refrain?
- Sind die Verse gleich lang?
- Was fällt optisch beim Refrain auf?
- Kannst du ein Reimschema erkennen?
- Liegt hier eine bestimmte Gedichtform vor? Kannst du das begründen?

Fünfter Schritt: Die Textintention ermitteln

1 Schau dir nun nochmals die Seite mit dem Gedicht an. Sie dürfte mittlerweile ganz schön bunt sein. Lies deine Notizen durch und versuche, daraus eine Textintention abzuleiten. Halte sie in Stichworten fest.
- Für wen könnte das Gedicht ein Anstoß sein?
- Worauf wird der Leser aufmerksam gemacht?
- Was könnte der Text bewirken wollen?

Sechster Schritt: Deine eigene Meinung darstellen

1 Folgende Fragen können dir dabei helfen, deine persönliche Stellungnahme vorzubereiten. Notiere mit Bleistift.
- Wie stehst du zu dem Thema/Inhalt des Gedichts?
- Ist das Thema auch heute noch zeitgemäß, aktuell und wichtig? Wenn ja, warum?
- Kann man es auf die heutige Zeit, dein Leben, die Gesellschaft heute übertragen?
- Kann man das Thema auf andere Lebensbereiche übertragen?
- Was spricht dich an der Sprache und der Stimmung in dem Gedicht an?
- Was macht dich nachdenklich, irritiert dich?
- Welche Gefühle/Stimmung löst das Gedicht bei dir aus?

Am Ende deiner Stellungnahme ist der Dreischritt immer gut:
Was mir gefallen hat ... / Was ich schwierig fand ... / Zusammenfassend kann man sagen ...

Benötigte Zeit:
Für die Untersuchung der Form, Intention und eigenen Meinung habe ich ________ Minuten benötigt.

Siebter Schritt: Den Aufsatz ausformulieren

1 Im letzten Schritt formulierst du wieder deine Textbeschreibung aus. Die Tippkästen „Formulierungshilfen“ auf Seite 88, „Satzbausteine zur Textintention“ auf Seite 89 sowie „Kriterien für eine gute Darstellung der eigenen Meinung“ auf Seite 89 helfen dir dabei sicherlich. Beachte auch den „Aufbau einer Textbeschreibung“ (Seite 90). Behalte erneut die Uhr im Blick!
Wie anfangen? Die folgenden Sätze können dir für jeden Abschnitt Anschubhilfe leisten:

LÖSUNGSHILFE Wie anfangen?

erster Satz und Thema	Das Gedicht „Wann ist denn endlich Frieden“ von Wolf Biermann ist im Jahr 1968 entstanden. Es wurde 1976 in Berlin von ihm selbst in dem Buch ... Thema des Gedichts ...
Beschreibung des Inhalts	Das Gedicht beschäftigt sich mit der Frage nach dem Ende von Krieg. Es beginnt in der ersten Strophe mit der Frage ...
Beschreibung der Sprache	Gleich zu Beginn des Gedichts wird die rhetorische Frage gestellt, wann denn endlich Frieden ist. Die inhaltlich zentrale Fragestellung erwartet keine direkte Antwort bzw. kann nur den Versuch einer Beantwortung wagen. Eine echte Antwort ist nicht möglich. Sie erstreckt sich über Vers 1 und 2. Das nennt man ...
Beschreibung der Form	Das Gedicht besteht aus zwei Strophen und einem Refrain, auch Kehrreim genannt. Er steht jeweils nach der ersten und zweiten Strophe. Die Strophen bestehen ...
Textintention	Der Text will erreichen, dass sich der Leser mit der Frage, wann denn endlich Frieden ist, beschäftigt und darüber nachdenkt, was ...
eigene Meinung	Ich persönlich denke, dass ...

Benötigte Zeit: *Für das Formulieren des Aufsatzes habe ich ________ Minuten benötigt.*

Achter Schritt: Aufsatz überarbeiten

1 Kontrolliere deinen Aufsatz aufmerksam mithilfe der Checkliste auf Seite 133 und eines Rechtschreibwörterbuchs. Verbessere ihn.

Benötigte Zeit: *Für die Überprüfung des Aufsatzes habe ich ________ Minuten benötigt.*

TIPP Aufsatzkontrolle

Für die Prüfung ist es zwar wichtig, dass du deinen Aufsatz selbstständig kontrollieren und überarbeiten kannst, in der Vorbereitungsphase kann es aber auch sinnvoll sein, zusätzlich die Rückmeldung einer anderen Person (z. B. Eltern, große Schwester) einzuholen.

Auswertung der Arbeitszeit

Wenn du dich von den Strapazen des Schreibens etwas erholt hast, ist es sicherlich interessant, deine benötigte Gesamtarbeitszeit zu ermitteln. In der unten stehenden Tabelle sind schon die Zeiten eingetragen, die du in der Prüfung zusätzlich einplanen solltest. Übertrage nun die einzelnen Zeitabschnitte, die du für „Wann ist denn endlich Frieden“ benötigt hast, in die Tabelle:

Arbeitsschritt	Zeit
– Prüfungsaufgaben durchlesen – Auswahl der Aufgabe, die du bearbeiten willst	10 Minuten
– Gedicht untersuchen: erster – sechster Schritt	
– Aufsatz ausformulieren: siebter Schritt	
– Aufsatz kontrollieren und überarbeiten	
– Reinschrift	
– eine kurze Pause	5 Minuten
– Puffer	5 Minuten
Summe Gesamtarbeitszeit	

Zur Erinnerung: Du hast etwa **100 – 120 Minuten** in der Prüfung als Arbeitszeit zur Verfügung. Liegst du mit deinem aktuellen Ergebnis wesentlich über dieser Zeitspanne? Dann untersuche genau, bei welchen Schritten du noch viel Zeit benötigst. Übe diese Schritte gezielt! Aber vergiss nicht, dass du mehr geübt hast, als in der Prüfung gefragt sein wird. Falls du sehr ordentlich schreibst, kannst du eventuell bei der Reinschrift Zeit einsparen. Aber denke daran, dass die Darstellung deines Aufsatzes ebenfalls bewertet wird. Er sollte also insgesamt „sauber“ aussehen.

Generalprobe

Bei den Aufgaben der **Original-Prüfung 2021** ab Seite 124 findest du ein weiteres Gedicht, das du zur Vorbereitung auf die Prüfung beschreiben kannst. Vielleicht magst du diese Aufgabe sogar als **Generalprobe** durchführen? Arbeite dann nur mit den zulässigen Hilfsmitteln und versuche, die etwa zwei Stunden am Stück durchzuhalten.

TIPP Schreibmarathon

Sieh es sportlich: Ein Marathonläufer muss auch trainieren, um so lange durchhalten zu können.
Trinke zwischendurch immer wieder etwas. Gegen Schreibkrampf in den Händen hilft Stretching.
Verwende einen Stift, der gut in der Hand liegt. Mach kurze Pausen und tanke dabei Energie.
Keep cool!

Es kann sinnvoll sein, für die einzelnen Arbeitsschritte im Voraus Zeitabschnitte einzuplanen und diese mit der tatsächlich benötigten Arbeitszeit zu vergleichen. Falls du das ausprobieren möchtest, kannst du folgende Tabelle verwenden:

Zeitplanung zur Gedichtbeschreibung „Wann ist denn endlich Frieden“ (Wolf Biermann)

Arbeitsschritt	Zeit	tatsächliche Arbeitszeit
– Prüfungsaufgaben durchlesen – Auswahl der Aufgabe, die du bearbeiten willst	10 Minuten	
– Gedicht untersuchen: erster – sechster Schritt		
– Aufsatz ausformulieren: siebter Schritt		
– Aufsatz kontrollieren und überarbeiten		
– Reinschrift		
– eine kurze Pause	5 Minuten	
– Puffer	5 Minuten	
Summe Gesamtarbeitszeit		

TIPP Häufige Fehler vermeiden

– **falsch:** *Das Gedicht „Wann ist denn endlich Frieden“ von Wolf Biermann geht um die Frage, wann der Krieg endlich beendet ist und wer für all das Leid verantwortlich ist, das er mit sich bringt.*

richtig: *Das Gedicht „Wann ist denn endlich Frieden“ von Wolf Biermann handelt von der Frage, wann der Krieg endlich beendet ist und wer für all das Leid verantwortlich ist, das er mit sich bringt.*

Erklärung: Es gibt zwei beliebte Textbausteine für die Einleitung, die du nicht vermischen darfst: „Das Gedicht ... handelt von ...“ und „In dem Gedicht ... geht es um ...“

– **falsch:** *Die Metapher „Die Welt ist so zerrissen“ in Vers 14 nimmt Bezug auf das Wettrüsten und den Konflikt zwischen Ost und West, der die ganze Welt spaltet und zerreißt. Dieses sprachliche Bild gefällt mir überhaupt nicht.*

richtig: *Die Metapher „Die Welt ist so zerrissen“ in Vers 14 nimmt Bezug auf das Wettrüsten und den Konflikt zwischen Ost und West, der die ganze Welt spaltet und zerreißt.*

Erklärung: In der Einleitung und im Hauptteil beschreibst du das Gedicht ganz neutral.
Deine eigene Meinung kannst du in deiner persönlichen Stellungnahme, also am Schluss darstellen.

– **falsch:** *<u>Hauptteil</u>*
Das Gedicht beschäftigt sich mit der Frage ...

richtig: *Das Gedicht beschäftigt sich mit der Frage ...*

Erklärung: Du gliederst deinen Aufsatz durch Leerzeilen. Zwischenüberschriften sind im Aufsatz nicht üblich.

B 10 Schritt-für-Schritt-Übungen „Eine Textbeschreibung erarbeiten“ (Prosa)

Die Aufgabe im **Wahlteil B** der Realschulabschlussprüfung bezieht sich auf eine dialektische Erörterung, ein Gedicht oder einen Erzähltext (Prosa), der etwa ein bis zwei Seiten lang ist. Sehr häufig handelt es sich dabei um eine Kurzgeschichte. Auch diesen Text sollst du, ohne genauere Anleitung, beschreiben. Du musst wissen, dass dies die Beschreibung inhaltlicher, sprachlicher und formaler Merkmale umfasst, sowie die Ableitung einer Textintention und das Formulieren einer eigenen Meinung erfordert. Das Vorgehen ist dabei ganz ähnlich wie bei der Beschreibung eines Gedichts (siehe B 8 und B 9), jedoch gibt es Besonderheiten der Erzähltexte zu beachten.
In diesem Kapitel erarbeitest du Schritt für Schritt eine beispielhafte Textbeschreibung. Obwohl du in der Prüfung nicht alle Teile einer kompletten Textbeschreibung erarbeiten musst, bekommst du hier die Möglichkeit, alle Schritte einzuüben. Das ist deshalb wichtig, weil man nicht weiß, welche Teile Gegenstand der Prüfung sein werden.

Erster Schritt: Den Erzähltext lesen

Lies zunächst nur die **Überschrift**: „Manu“.

1 Notiere in Stichworten, was dir zu dieser Überschrift einfällt.

2 Lies nun den gesamten Text und markiere mit einem Bleistift alles, was dir am Text auffällt (z. B. unbekannte Wörter, ungewöhnliche Wendungen, lange Sätze, Wiederholungen ...).
Du kannst auch kurze Kommentare auf den Rand schreiben (z. B. seltsame Erklärung).
Nimm dir auch hier die Zeit, den Text **mindestens zweimal durchzulesen**. Manchmal überliest man im ersten Durchgang etwas.

Manu (2006) *Arno Strobel (*1962)*

Irmgard lehnte sich zurück und streckte die Beine aus. Geschafft!
Fast augenblicklich wurden ihre Augen gläsern, öffnete sie alle inneren Schleusen und flutete ihren Geist noch einmal mit den Ereignissen des Tages.
Diese „Tagesendverarbeitung“, wie sie es insgeheim nannte, die ihre Gedanken wie ein feinporiger Filter befreite von Kreditanträgen, Termingeldern, Überweisungsträgern und schimpfenden Kunden, war für sie zu einem Ritual geworden, seit sie in diesen zwei Welten lebte, die unterschiedlicher nicht sein konnten.
Wenn sie anschließend die Filiale durch die gläserne Tür verließ, durchschritt sie zugleich ein symbolisches, kleines Tor; eine winzige Öffnung in der Chinesischen Mauer zwischen der Welt von Irmgard Kindel und der Manus.
Ihr Blick verfolgte den Filialleiter, der gerade die Schalterhalle abgeschlossen hatte und nun pfeifend an ihrem Schreibtisch vorbeischlenderte. Das Bild der schlaksigen Gestalt erreichte ihr Bewusstsein nicht, erzeugte jedoch Gedanken in ihr als eine der seltenen Brücken zwischen ihren beiden Leben.
Was würden ihre ausschließlich männlichen Kollegen denken, wenn sie von Manu wüssten? Wenn sie einmal die Verwandlung beobachten könnten, diese Verpuppung, wenn aus der kleinen, unscheinbaren Bankraupe Irmgard plötzlich der Schmetterling Manu wurde? Wie würden sie sie ansehen, wenn sie das schicke, dezente Kostüm abstreifte wie ein zu enges Korsett und dann hineinschlüpfte in die Kleidung, die so anders war, so befreiend. Diese ganz spezielle Kleidung von Manu. Sie musste innerlich lachen, als sie sich das Gesicht ihres Chefs vorstellte, wenn er Manus Raum sehen würde, das Zimmer,

das sie im Keller eingerichtet hatte mit all den Gerätschaften, die sie für ihre Arbeit brauchte. Für ihre Leidenschaft.

Ihre Gedanken machten einen Sprung zu Klaus, einem der ganz wenigen Menschen, die sowohl Irmgard als auch Manu kannten. Es war nicht zu umgehen gewesen, dass er von ihren beiden Leben wusste. Schließlich war Klaus ihr Manager, der sich, zugegebenermaßen für einen horrenden Prozentsatz ihrer Einkünfte, um Kunden für sie kümmerte.

An diesem Abend würde sie auch wieder Besuch bekommen von jemandem, den Klaus akquiriert hatte.

Benno von Diemeier hieß er. Ein steinreicher Bauunternehmer, dem man das gar nicht zutrauen würde, hatte Klaus ihr erzählt. Sie war gespannt.

Mit einem kurzen Kopfschütteln kehrten ihre Gedanken zurück in den sauberen, dezent möblierten Schalterraum. Sie schloss ihren Schreibtisch ab und verließ dann die Bank. Wie so oft wurden auf dem zehnminütigen Fußweg nach Hause ihre Schritte immer schneller, je näher sie ihrem Ziel kam. Wie so oft wurde sie von einer erregten inneren Unruhe gepackt, konnte es gar nicht mehr abwarten ...

Zwei Wochen später.

Der große Raum war erfüllt vom leisen Gemurmel der gut gekleideten Frauen und Männer. In kleinen Grüppchen standen sie vor den Plastiken und diskutierten über die Botschaft, die sie übermitteln sollten, und über die bewundernswerte, geheimnisvolle Künstlerin.

Irgendwann erhob Benno von Diemeier seine Stimme und bat um Ruhe. Er sei hoch erfreut, erklärte er, diese Ausstellung nun eröffnen zu können. Wie man wisse, wolle die begnadete Künstlerin inkognito bleiben, aber er könne verraten, dass sie an diesem Abend unter ihnen weile.

Während neues Gemurmel entstand und die Gäste sich gegenseitig fragend betrachteten, verließ Irmgard den Raum und machte sich zufrieden auf den Heimweg. Zu Hause angekommen, zog sie den weiten, schmutzigen Arbeitsanzug an. Dann ging Manu in ihre Werkstatt, um ihrer neuen Skulptur mit dem Schweißgerät den letzten Schliff zu geben.

Quelle: Arno Strobel: Manu. Aus: Ders.: Die Gefährlichkeit der Dinge. Frankfurt a. M.: S. Fischer Verlag 2018

Zweiter Schritt: Den Inhalt erarbeiten

Erzählende Texte geben meist eine Handlung wieder. Diese Handlung kann eine oder mehrere Personen involvieren, sich über eine kurze oder lange Zeit erstrecken, von einer oder verschiedenen Personen erzählt werden und sich an einem bestimmten Ort oder irgendwo ereignen. Du musst also genau hinschauen, **WAS** dir im Text erzählt wird. Folgenden Fragen helfen dir:

TIPP Farben verwenden

Verwende für die einzelnen Kriterien jeweils die gleichen Farben (z. B. Informationen über Personen → blau). Du hast somit eine zusätzliche Kontrolle und beim Schreiben deines Aufsatzes behältst du den Überblick.

Ein zentrales Merkmal aller erzählenden Texte ist der Erzähler (oder die Erzählerin), den du jedoch keinesfalls mit dem Autor oder der Autorin gleichsetzen darfst. Man unterscheidet die **Erzählperspektive** und das **Erzählerwissen**.

Erzählperspektive

Es gibt verschiedene Möglichkeiten, auf welche Weise in einem Prosatext erzählt wird. Ein „Ich“ in einem Prosatext wird als „Ich-Erzähler“ bezeichnet. Der „Ich-Erzähler“ ist in das Geschehen verwickelt und schildert die Ereignisse aus seiner Sicht. Was andere denken oder vermuten kann er nur vermuten. Aber aufgepasst: Der „Ich-Erzähler“ ist nicht identisch mit der Autorin oder dem Autor. Neben dem „Ich-Erzähler“ gibt es noch den „Er-/Sie-Erzähler“. Er gibt das Geschehen in der dritten Person wieder und ist oft selbst gar nicht beteiligt. Man unterscheidet zwei Varianten des „Er-/Sie-Erzählers“. Wenn der „Er-/Sie“-Erzähler über dem Geschehen steht, die Gedanken und Gefühle aller Figuren kennt und alles über die Handlung weiß, nennt man ihn den „allwissenden Erzähler“ oder auch „auktorialen Erzähler“. Er kann zwischen Innen- und Außensicht verschiedener Figuren wechseln. Kennt der Erzähler die Gedanken und Gefühle von nur einer Person, nennt man ihn „personalen Erzähler“.

1 Welche Erzählperspektive kannst du im Prosatext „Manu“ bestimmen?

Im Prosatext „Manu“ ist die Erzählperspektive: ______________________________

Erzählerwissen

Das Erzählerwissen kann umfassend sein. Der Erzähler steht dann über dem Geschehen und leitet den Leser durch Kommentare, Vorausdeutungen oder Bewertungen durch die Geschichte. Er weiß mehr als die Figuren. Das Erzählerwissen kann auch begrenzt sein. Dann wird aus Sicht einer Person erzählt. Der Erzähler bleibt der Sichtweise dieser Figur verbunden. Er weiß nicht mehr oder sogar weniger als die Figur.

TIPP Erzählperspektive und Erzählerwissen

Die Erzählperspektive und das Erzählerwissen können sich innerhalb einer Geschichte verändern. Es genügt also nicht, nur im ersten Satz nachzuschauen. Einen Wechsel solltest du auf seine Wirkung hin untersuchen und beschreiben.

2 Bestimme bei den folgenden Sätzen jeweils die Erzählperspektive und das Erzählerwissen.

a) Ich lehnte mich zurück und streckte meine Beine aus.Geschafft!

Erzählperspektive: ______________________ Erzählerwissen: ______________________

b) Irmgard lehnte sich zurück und streckte ihre Beine aus.

Erzählperspektive: ______________________ Erzählerwissen: ______________________

c) Irmgard lehnte sich zurück und streckte ihre Beine aus. Ihr Chef schlenderte gut gelaunt und pfeifend an ihr vorbei, er freute sich auf den Feierabend mit seiner Frau. Sie selbst war aufgeregt, schließlich bekam sie noch Besuch von ihrem Manager und einem neuen Auftraggeber, einem steinreichen Unternehmer. Ihr Herz schlug schon beim Gedanken daran schneller.

Erzählperspektive: ______________________ Erzählerwissen: ______________________

Die Erzählperspektive und das Erzählerwissen beeinflussen die **Wirkung** der Figuren auf den Leser. Wie viel und was du von einer Figur erfährst, färbt auf deine **Wahrnehmung** ab. Manchmal wird man als Leser ganz schön an der Nase herumgeführt. Beim Kriminalroman wird dies oft auf die Spitze getrieben.

3 Kreuze für die folgenden Aussagen an, ob sie zutreffen oder nicht:

	trifft zu	trifft nicht zu
a) Der Leser weiß, was Irmgard fühlt, als sie die Ausstellung verlässt.	☐	☐
b) Man kennt die Gefühle und Gedanken der Hauptperson.	☐	☐
c) Man weiß, was in Manus Manager Klaus vor sich geht.	☐	☐
d) Der Leser ahnt, warum Irmgard unter einem Pseudonym arbeitet.	☐	☐
e) Man erfährt von keiner Person Gefühle oder Gedanken.	☐	☐

4 Es werden mehrere **Personen** im Text erwähnt. Markiere sie dort in der entsprechenden Farbe. Lege fest, welches Haupt- (HF) und welches eher Nebenfiguren (NF) der Handlung sind:

Manu:	☐ HF	☐ NF
Benno von Diemeier:	☐ HF	☐ NF
Klaus:	☐ HF	☐ NF
Filialleiter:	☐ HF	☐ NF

Menschen haben verschiedene Charaktere. Der Charakter kann sich in ihrem **Verhalten anderen Personen gegenüber**, ihrem **Aussehen**, ihrer **Art zu sprechen** oder in ihrem **Handeln** zeigen. Er kann sich im Laufe der Handlung auch verändern. Wenn du den **Charakter der Figuren** beschreiben willst, musst du wie ein Detektiv im Text nach Hinweisen suchen.

5 Einige Hinweise zur Charakterisierung der Figuren aus der Geschichte sind bereits aufgeführt. Schreibe weitere auf und markiere sie auch im Text:

Manu: heißt im wirklichen Leben Irmgard Kindel, ______________________

____

____

____

____

____

Benno von Diemeier: steinreicher Unternehmer, ______________________

____

____

Klaus: Manus Manager: ______________________

____

____

Filialleiter der Bank: gut gelaunt, ______________________

____

____

INFO Figurenkonstellation

Die Figuren einer Erzählung stehen in Beziehung (z. B. Liebe, Konkurrenz, Hass, Freundschaft) zueinander. Diese **Figurenkonstellation** kann sich im Handlungsverlauf ändern.

Bei der Beschreibung der Handlung kann man zwischen **äußerer und innerer Handlung** unterscheiden. Alles, was man als außenstehender Beobachter sehen könnte, z. B. was eine Figur macht oder sagt, ist äußere Handlung. Die Gedanken und Gefühle, die als innerer Monolog oder erlebte Rede wiedergegeben werden können, bezeichnet man als innere Handlung.

6 In dem Erzähltext „Manu“ ist innere und äußere Handlung dargestellt. Eine größere Textpassage stellt innere Handlung dar. Markiere diese Stelle im Text und notiere hier die Zeilenzahlen: Zeile ____ bis Zeile ____. In Zeile ____ wird die innere Handlung kurz durch äußere Handlung unterbrochen. Notiere durch was die innere Handlung unterbrochen wird:

____

____

Konkrete Handlung findet an einem **Ort** und zu einer **Zeit** statt. Texte, die genaue Angaben zum Zeitpunkt und zum Ort des Geschehens machen, wollen ein einmaliges Erlebnis wiedergeben. Sind diese Angaben ungenau oder fehlen ganz, ist die Textaussage eher allgemeingültig und übertragbar.

7 Unterstreiche in der Erzählung alle Angaben zum Ort und Zeitpunkt des Geschehens und übertrage sie in die Tabelle.

Ort	Zeit
„Schalterraum einer Bankfiliale“ …	*„An diesem Abend“* …

8 Betrachte die Orts- und Zeitangaben. Welcher Aussage kannst du zustimmen? Unterstreiche sie.

a) In dem Text wird ein einmaliges Ereignis wiedergegeben, das an einem bestimmten Ort zu einer konkreten Zeit stattgefunden hat.

b) Die Orts- und Zeitangaben sind wenig konkret. Die Handlung könnte sich so oder so ähnlich an beliebigen Orten zu verschiedenen Zeiten ereignen.

Ein Autor hat verschiedene Möglichkeiten zur **Zeitgestaltung** von Handlungen. Das kennst du auch von Filmen. Manchmal wird alles einfach der Reihe nach erzählt, manchmal springt die Handlung vor („zehn Jahre später“) oder zurück („fünf Jahre davor“). Auch die Zeitlupe kennst du von Filmen.
Ähnliche Möglichkeiten gibt es bei Erzählungen:

Zeitsprung: Zwischen zwei Handlungsschritten wird etwas ausgelassen, um nur das für den Fortgang der Handlung Entscheidende zu erzählen.

Rückblende: Ereignisse, die zeitlich vor dem bisher Erzählten stattgefunden haben, werden erst im Nachhinein erzählt.

Vorausblende: Ein Handlungsschritt wird vorweggenommen.

Zeitdehnung: Die Erzählzeit ist länger als die erzählte Zeit. Beispiel: Der Moment des Aufwachens wird über zwei Textseiten hinweg geschildert.

Zeitraffung: Die erzählte Zeit ist länger als die Erzählzeit. Beispiel: Eine 45-minütige Unterrichtsstunde wird in drei Sätzen wiedergegeben.

INFO Erzählzeit und erzählte Zeit

Die Erzählzeit ist die Zeit, die ein Erzähler braucht, um die Handlung zu erzählen, bzw. die ein Leser braucht, um den Text zu lesen. Die erzählte Zeit ist der Zeitraum, über den sich die Handlung erstreckt.

9 Welche Mittel zur Zeitgestaltung hat Arno Strobel in „Manu“ angewandt?

a) „Sie schloss ihren Schreibtisch ab und verließ dann die Bank.“ (Z.32)

→ Es handelt sich hier um eine ______________________, da die erzählte Zeit ______________________ als die Erzählzeit ist.

b) „Zwei Wochen später“ (Z.36)

→ Es handelt sich um einen ______________________, da man nicht erfährt, was in der Zwischenzeit alles passiert ist.

c) „Es war nicht zu umgehen gewesen, dass er von ihren beiden Leben wusste“ (Z. 24/25)

→ Das ist eine ______________________, da sich Irmgard daran erinnert, wie es war, als sie Klaus als Manager verpflichtet hat.

Bei manchen Texten spürt der Leser ein bestimmte Stimmung oder Atmosphäre. Deshalb lohnt es sich immer, bei der Auseinandersetzung mit dem Prosatext auch einen Blick darauf zu werfen, welche Stimmung im Text vorherrscht. Es ist auch interessant, ob sich die Stimmung im Verlauf des Textes verändert und warum das so ist.

10 Kreuze für die folgenden Aussagen aus Schüleraufsätzen zur Stimmung im Text an, ob sie zutreffen oder nicht:

	trifft zu	**trifft nicht zu**
a) Die Stimmung in der Kurzgeschichte ist merkwürdig düster und traurig.	☐	☐
b) Es herrscht eine durchgehend ausgelassene Stimmung.	☐	☐
c) Durch geheimnisvolle Andeutungen über Manu entsteht Spannung beim Leser.	☐	☐
d) Bei der Ausstellung ist eine positive, fröhliche Stimmung der Besucher zu spüren.	☐	☐

Dritter Schritt: Die Sprache untersuchen

Auch Erzähltexte sind sprachlich **gestaltet**. Diese Gestaltung musst du zunächst untersuchen, um sie anschließend beschreiben zu können. Wichtig ist auch hier, dass du eine Verbindung zum Inhalt herstellst, indem du die Wirkung der verwendeten Sprache beispielhaft erläuterst. Also: **Wie** wird etwas ausgesagt und welche **Wirkung** hat das auf dich als Leser?

1 Untersuche die Geschichte hinsichtlich der Verwendung **sprachlicher Mittel** (z. B. Metapher, Symbol, Wiederholung) und markiere sie mit der Farbe, die du für die „Sprache“ reserviert hast.

TIPP Sprachlicher Mittel

Im Glossar findest du ab Seite 140 eine Tabelle mit sprachlichen Mitteln. In vielen Erzähltexten sind diese nicht ganz so häufig verwendet wie in Gedichten, aber einige findest du sicher heraus.

2 Ergänze in der Tabelle die sprachlichen Mittel und überlege dir, welche Wirkung sie haben bzw. welcher Bezug zum Inhalt herstellbar ist.

Sprachliche Mittel	Wirkung bzw. Bezug zum Inhalt
Metapher *„öffnete sie alle inneren Schleusen“ (Z. 2)*	*Irmgard öffnet ihre „inneren Schleusen“ indem sie die Ereignisse des Arbeitstages in der Bank an sich vorüberziehen lässt und sie damit aus ihrem Kopf und Herz entlässt. So verarbeitet sie den Arbeitstag.*
Vergleich	
	Vergleich aus der Natur, …

Zur Untersuchung der sprachlichen Gestaltung gehört auch die Beschreibung der **Redeform**. Hier gibt es folgende Möglichkeiten:

Redeform

Erzählbericht
(= die Geschichte wird nur vom Erzähler vermittelt)

Figurenrede
(= Figuren kommen selbst zu Wort)

wörtliche/direkte Rede
Beispiel:
„‚Und die Füße?‘, fragte ich.“

indirekte Rede
Beispiel:
„Ich fragte, was mit den Füßen sei.“

innerer Monolog
Beispiel:
„Und was wäre, wenn sie mich anlügt? Müsste ich mich trennen?“

erlebte Rede
Beispiel:
„Ja, sie konnte mir so einiges erzählen. So leicht konnte sie mich um den Finger wickeln.“

Die Redeform bestimmt, wie gut du dich in eine Person **hineinversetzen** kannst. Wenn du durch einen inneren Monolog ihre geheimen Wünsche und Gedanken kennenlernst, bist du ihr näher, als wenn du lediglich indirekte Äußerungen über sie erfährst.

TIPP Redeformen wiederholen

Schau im Glossar auf Seite 137 nach. Dort findest du Erklärungen und weitere Beispiele zu den Redeformen.

3 Findest du in dem Text Stellen mit wörtlicher Rede? Entscheide dann, welche Aussagen richtig sind:

	trifft zu	trifft nicht zu
a) Wörtliche Rede findet sich in allen Sinnabschnitten des Textes.	☐	☐
b) Es gibt indirekte Rede in der Kurzgeschichte.	☐	☐
c) Manu wird häufig von anderen Personen in Gespräche verwickelt.	☐	☐
d) Auch ohne direkte Rede kann man nachvollziehen, was in der Hauptfigur vorgeht.	☐	☐

Erzähltexte kann man als eine fortlaufende Verknüpfung von Sätzen verstehen. Bei Erzähltexten kannst du deshalb den Satzbau untersuchen. Der **Satzbau** trägt zur **Wirkung** eines Textes bei. Eine **Satzreihe** kann monoton, gefühlsarm, beruhigend, gleichmäßig, kühl, bedrückend wirken. Ein **Satzgefüge** kann fröhlich, harmonisch, ausgeglichen, einengend, ungeduldig, aufgeregt wirken.

INFO Satzreihe und Satzgefüge

Während eine Satzreihe aus mehreren aneinandergereihten Hauptsätzen besteht, bezeichnet das Satzgefüge eine Verbindung aus Haupt- und Nebensätzen

4 Lies in der Erzählung „Manu“ nach. Überwiegen hier die Haupt- oder die Nebensätze?

___

___

Sicherlich hast du bei der Aufzählung bemerkt, dass die Wirkung ganz unterschiedlich, sogar gegensätzlich, sein kann. Du kannst also die Wirkung einer Satzreihe nicht einfach immer als bedrückend beschreiben. Überlege dir, ob es eine **Verbindung zum Inhalt** der Erzählung gibt. Dann sollte dir die passende Auswahl leichterfallen.

5 Versuche, eine Verbindung zwischen dem Satzbau und dem Inhalt des Erzähltextes herzustellen:

Der Satzbau verdeutlicht ___

___

___

Wie in der Musik kann man auch mit dem **Sprachstil** ganz unterschiedliche Wirkungen erzeugen. Ein wildes Schlagzeugsolo reißt dich vielleicht eher vom Sofa als ein zartes Harfenkonzert. Die Wirkung der Sprache hängt z. B. mit der Auswahl der Wörter, der Sprachebene oder der Länge der Sätze zusammen. Vergleiche einmal folgende Beispiele:

„Habt ihr auch was?“
„Geht dich einen Scheißdreck an!“, brüllte Tschick zurück. […]
„Steck dir ’n Finger in’ Arsch und halt’s Maul!“
„Russenschwuchtel!“
„Ich komm gleich rüber.“
„Der böse Mann will rüberkommen! Und was willst du machen, wenn du hier bist?
Na los, komm doch.“

Quelle: Wolfgang Herrndorf: Tschick. Rowohlt Berlin Verlag GmbH, Berlin 2010, S. 151

„Als ich aufwachte, drang der Duft frisch gebackenen Brotes vom Backofen auf der Küchenterrasse durch mein geöffnetes Fenster und kitzelte verlockend meine Nase. Zipora ist mal wieder sehr früh aufgestanden, um uns eine Freude zu machen, dachte ich dankbar. Da spürte ich noch nichts, da war ich noch ganz ich selbst. Der Duft frischen Brotes, ein zärtlicher Kuss von Recha, ein paar freundliche Worte Nathans [...] – das alles erfüllte mich mit einer heiteren Zufriedenheit.“

Quelle: Mirjam Pressler: Nathan und seine Kinder. © 2009 Beltz & Gelberg in der Verlagsgruppe Beltz, Weinheim/Basel, S. 167/177

Das erste Beispiel ist gespickt mit umgangssprachlichen Ausdrücken (z. B. „was“, „’n“, „na los“) und Schimpfwörtern. Die Sprache des zweiten Beispiels könnte man als bildhaft und sinnlich beschreiben (z. B. „kitzelte verlockend“, „spürte“, „zärtlicher Kuss“, „heiteren Zufriedenheit“).

6 Betrachte nun die Sprache unseres Beispieltextes. Wie würdest du den Sprachstil umschreiben? Suche passende Adjektive aus:

bilderreich sachlich knapp alltäglich gehoben ausufernd
umgangssprachlich schwelgerisch reduziert gefühlsbetont neutral

7 Die sprachlichen Formulierungen in unserer Kurzgeschichte sollen die Gegensätze zwischen den verschiedenen Welten hervorheben. Notiere, wie diese Gegensätze dargestellt werden:

Berufsleben Bankangestellte	Berufung/Privatleben Kunsthandwerk
– Irmgard (Z. 1), bürgerlicher, altmodischer Vorname *– saubere, sterile Bankwelt, dezent möbliert*	*– Manu, der Künstlername, klingt exotischer, geheimnisvoller und weniger brav* *– ...*

TIPP Erzähltempus

Erzählende Texte beziehen sich meist auf vergangene Handlungen, deshalb ist das Präteritum (= einfache Vergangenheit, z. B. war, lachte) das übliche **Erzähltempus**. Stellst du hiervon Abweichungen fest, solltest du diese in deinem Aufsatz beschreiben.

8 Gelegentlich werden in Erzähltexten Fachbegriffe verwendet. Hier kommen nur wenige vor. Um welche Begriffe handelt es sich?

Welche Wirkung haben die Fachbegriffe in der Kurzgeschichte?

9 Fasse im folgenden Notizzettel deine Erkenntnisse ganz kurz zusammen:

Zusammenfassung Untersuchung der Sprache

– *einfache, gut verständliche Alltagssprache*

– *keine wörtliche Rede*

–

Vierter Schritt: Den Aufbau und die Form untersuchen

Zwischen dem **Aufbau** des Textes und dem Inhalt gibt es häufig einen Zusammenhang. Diesen solltest du herausfinden, indem du die Struktur des Textes untersuchst. Ein Text besteht meistens aus den gesetzten Textabschnitten und Sinnabschnitten der Handlung, die manchmal zu Textteilen zusammengefasst werden können.

TIPP Textabschnitte markieren

Um Textabschnitte zu markieren, verwendest du am besten einen Bleistift. Damit kannst du dir deine Farben für andere, noch wichtigere Markierungen aufsparen. Den Arbeitsschritt „Textabschnitte markieren" kannst auch direkt nach dem Lesen als leichte Einstiegsaufgabe durchführen.

1 Markiere im Text die gesetzten Textabschnitte und notiere dir die dazugehörigen Zeilenangaben.

2 Teile den Text nun in **Sinnabschnitte** ein und fasse sie in einigen kurzen Stichworten zusammen:

INFO Sinnabschnitte

Die Sinnabschnitte stimmen nicht unbedingt mit den gesetzten Abschnitten überein. Überlege, in welche wichtigen Handlungsschritte du die Gesamthandlung aufteilen kannst. Ein kleiner Tipp: Beginnt in der Handlung etwas Neues, kommt eine neue Person hinzu oder wechselt die Handlung den Ort, so musst du prüfen, ob ein neuer Sinnabschnitt beginnt.

Sinnabschnitt	Zeilen	Stichworte
1		
2		
3		
4		
5		
6		

Wenn du dir deine Markierungen von Textabschnitten und Sinnabschnitten noch einmal durchliest, wirst du feststellen, dass du mehrere Sinnabschnitte zu zwei größeren, inhaltlichen Teilen zusammenfassen kannst. Sie werden durch eine Zäsur voneinander getrennt.

3 Notiere die Zeilenangaben der Teile und gib ihnen eine Überschrift:

Teil 1: Zeile ____ bis Zeile ____

Zäsur: Zeile ____

Teil 2: Zeile ____ bis Zeile ____

Überschrift Teil 1: ______________

Überschrift Teil 2: ______________

Im nächsten Schritt musst du die Form des Textes beschreiben, also die Frage beantworten, um welche **Textsorte** es geht. Du weißt schon, dass es sich bei der Aufgabe 2 der Prüfung immer um einen Erzähltext handelt. Es ist klar, dass man dir eine relativ kurze Erzählform vorlegen wird, da du in der Prüfung nicht einen ganzen Roman oder eine Novelle lesen kannst. In den meisten Fällen wird dies eine **Kurzgeschichte** sein.

4 Lies den folgenden Infotext zur Kurzgeschichte durch und unterstreiche darin die wesentlichen Textsortenmerkmale.

INFO Kurzgeschichte

Kurzgeschichten (abgeleitet von der englischen Bezeichnung Short Story) erzählen in knapper Form und alltäglicher Sprache einen kurzen Ausschnitt aus dem Leben eines gewöhnlichen Menschen. Meist tritt inmitten des Alltags eine unerwartete Wendung oder ein Höhepunkt auf.
Typische Merkmale der Kurzgeschichte sind der plötzliche Erzählanfang ohne Einleitung und ein offener Schluss. Personen sind häufig reduziert dargestellt, z. B. ohne Namen, genaue Beschreibung, Altersangabe. Oft sind die Personen Außenseiter. Der Ort und die Zeit der Handlung sind ebenfalls oft nicht genau beschrieben. Eine nüchterne, alltagsnahe, oft bildhafte Sprache und ein einfacher Satzbau kennzeichnen diese Textform. Kurzgeschichten werden in Deutschland vermehrt erst seit 1945 geschrieben. Wolfgang Borchert, Ilse Aichinger, Heinrich Böll und Marie Luise Kaschnitz sind bekannte Autoren und Autorinnen von Kurzgeschichten. Zuerst wurden Themen der Kriegs- und Nachkriegszeit behandelt, später Alltagsthemen und entscheidende Situationen im Leben von Durchschnittsmenschen. Die Kurzgeschichte soll zum Nachdenken anregen und/oder betroffen machen. Der Leser soll sich ein eigenes Urteil bilden und über eine Lösung nachdenken.

5 Untersuche nun, ob „Manu“ eine Kurzgeschichte ist. Wähle fünf der im Infotext unterstrichenen Merkmale aus und suche entsprechende Belege im dem Text.

Merkmal der Kurzgeschichte	Textbeleg
plötzlicher Erzählanfang / keine Einleitung	*„Irmgard lehnte sich zurück […]“*
Höhepunkt = Wendepunkt	

Auch die Überschrift kann etwas über den Text aussagen. Sie sollte daher immer in die Untersuchung deines vorliegenden Texts einbezogen werden. Ganz zu Beginn hast du dir vor dem ersten Lesen schon einmal Gedanken zur Überschrift gemacht. Vergleiche deine Notizen und prüfe erneut: Was sagt sie aus? Ist sie kurz oder ausführlich? Welche Idee bekommt man, um was es in dem Text gehen könnte?

Fünfter Schritt: Die Textintention ermitteln

Nachdem du die Erzählung ausführlich auf ihre inhaltliche, sprachliche und formale Gestaltung und Wirkung hin untersucht hast, sollst du all diese Erkenntnisse nun auf einen Nenner bringen. Welche **Aussage** will der Text machen? Was könnte eine **Botschaft** an den Leser sein?

1 Mach ein Brainstorming zur Textaussage und halte deine Einfälle in der Mindmap fest.
Die folgenden Fragen können dir Impulse liefern:
- Worauf will der Text aufmerksam machen?
- Worüber denkst du als Leser nach der Lektüre nach?
- Was hat dich besonders beeindruckt an „Manu“?
- Wozu will der Text anregen?

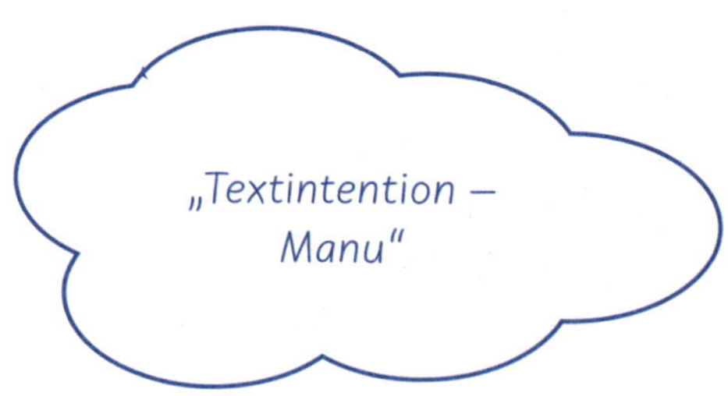

Sechster Schritt: Die eigene Meinung darstellen

Nachdem du dich als Leser bis hierher in deinen persönlichen Äußerungen zurückhalten musstest, sollst du nun deine **eigene Meinung** zum Text darstellen. Damit ist nicht gemeint, dass du den Text bewertest. Nimm Stellung zum Thema, zu den Figuren und zur Handlung des Textes. Vielleicht magst du auch eine Verbindung zu deinen eigenen Erfahrungen äußern?

1 Die folgenden Sätze haben Schüler und Schülerinnen im letzten Abschnitt ihrer Textbeschreibung geschrieben. Lies sie durch und wähle diejenigen aus, die gut zu deiner eigenen Meinung passen. Notiere anschließend noch eigene Stichworte oder Sätze.

- *Mich hat zunächst verwirrt, welcher „Leidenschaft“ Irmgard nachgeht.*
- *Dass man bei Irmgards Hobby zuerst gar nicht an ein Kunsthandwerk denkt, finde ich lustig.*
- *Ich konnte mich gut in Irmgard hineinversetzen.*
- *Mich würde interessieren, warum Irmgard nicht will, dass man weiß, wer Manu ist. Alle sind doch begeistert von ihrer Kunst.*
- *Ich finde, Irmgard muss nicht so ein Geheimnis aus ihrer zweiten Identität machen, aber damals war das vielleicht noch nicht so leicht als Künstlerin.*
- *Das Thema der Kurzgeschichte „Beruf und Berufung“ ist immer noch aktuell.*
- *Das Thema des Textes passt gut für Jugendliche, da diese auch viel über ihren Beruf und ihre Berufung nachdenken müssen.*
- *Ich finde Irmgard ist ein tolles Vorbild. Man kann von ihr lernen, seine Träume zu leben und seine Talente zu fördern.*

Siebter Schritt: Den Aufsatz ausformulieren

Nun geht es an die Schreibarbeit. Das ist anstrengend, kostet Zeit und Mühe, aber es lohnt sich. Du solltest vor der Prüfung unbedingt mehrere vollständige Textbeschreibungen anfertigen, denn du übst so das Formulieren. In der Prüfung wird dir das dann leichter von der Hand gehen.
Der **Aufbau** deines Aufsatzes ist derselbe wie bei der Gedichtbeschreibung. Präge dir die Übersichtstabelle von B 8, achter Schritt, auf Seite 90 gut ein.

EINLEITUNG

Der erste Satz

1 Ein Schüler hat seine Textbeschreibung von „Manu“ so begonnen:

Bei dem Text handelt es sich um „Manu“ von Enno Strobel, der 2018 in dem Buch „Gefährlichkeit der Dinge“ abgedruckt wurde.

LÖSUNGSHILFE Erster Satz

Auf Seite 86 findest du eine Satzvorlage.

Was meinst du? Markiere zunächst alle Fehler und schreibe den ersten Satz dann neu.
Tipp: Sieh dir die Quellenangabe genau an!

Das Thema benennen

2 Was ist das Thema dieser Kurzgeschichte? Nachdem du dich schon sehr ausführlich mit ihr beschäftigt hast, wird dir eine passende Auswahl nicht schwerfallen. Kreuze an und formuliere anschließend einen Satz:

- Erwachsenwerden ☐
- Gesundheit und Achtsamkeit ☐
- Doppelleben ☐
- unglückliche Beziehungen ☐
- Beruf und Berufung ☐
- Einsamkeit ☐

LÖSUNGSHILFE Thema benennen

Es gibt hier nicht die eine richtige Lösung, sondern durchaus mehrere Möglichkeiten. Es kommt darauf an, welchen Fokus auf die Geschichte du wählst. Diesen solltest du dann im Hauptteil beibehalten.

Inhaltsangabe

3 In die folgende Kriterienliste zur Inhaltsangabe haben sich falsche Merkmale eingeschlichen. Streiche sie durch:

- Schreibe im Präsens.
- Verrate nicht den Schluss der Geschichte.
- Fasse die wichtigsten Handlungsschritte zusammen.
- Beantworte W-Fragen (Wer? Wo? Was?)
- Erzähle ausführlich, lasse nichts aus.
- Gib wörtliche Rede als indirekte Rede wieder.
- Zitiere aus der Kurzgeschichte.
- Wähle die wichtigsten Sätze der Kurzgeschichte aus und schreibe sie ab.
- Vermeide Wiederholungen.
- Rechtschreibung und Zeichensetzung werden nicht bewertet.

4 Ergänze folgenden Auszug aus der Inhaltsangabe. Kürze dabei die Antwort, indem du Wesentliches auswählst.

Sie schließt ihren Schreibtisch ab, durchquert die Schalterhalle und verlässt die Bank, um sich auf den Heimweg zu machen, der circa zehn Minuten dauert. Dabei geht sie immer schneller, weil …

5 Schreibe nun die gesamte Inhaltsangabe auf ein separates Blatt.

HAUPTTEIL

Auch bei der Textbeschreibung des Erzähltextes kannst du dich entscheiden, ob du im Hauptteil einmal an der Geschichte entlang alle inhaltlichen, sprachlichen und formalen Merkmale erläuterst oder ob du dies in einem Dreischritt nacheinander erledigst (siehe ab Seite 87). Probiere aus, was dir besser liegt. Manchmal passt ein Verfahren auch eindeutig besser zu einer Geschichte. Wichtig ist, dass du dich **vor** dem Schreiben für ein Verfahren entscheidest und dieses dann durchgängig ausführst.

Beschreibung des Inhalts

Auf Seite 100 – 104 hast du den Inhalt der Erzählung bereits ausführlich erarbeitet. Nun musst du diese Erkenntnisse als zusammenhängenden Text ausformulieren. Wichtig ist, dass du dich hierbei in deinen Aussagen immer wieder auf den Text beziehst und **Zitate** zur Veranschaulichung einbaust. Dieser Abschnitt deines Aufsatzes wird in der Regel um einiges länger sein als bei einer Gedichtbeschreibung – aus dem einfachen Grund, dass Geschichten Handlungen erzählen.

Wenn du folgende **Checkliste** abarbeitest, solltest du keine wichtigen Aspekte vergessen:

CHECKLISTE Inhalte beschreiben

- ☑ Haupt- und Nebenfiguren benennen und charakterisieren
- ☑ Beziehung(en) der Figuren untereinander beschreiben (Figurenkonstellation)
- ☑ innere und äußere Handlung beschreiben
- ☑ Erzählperspektive und Erzählerwissen benennen und in ihrer Wirkung beschreiben
- ☑ Ort und Zeit der Handlung beschreiben
- ☑ Zeitgestaltung und ihre Wirkung darstellen
- ☑ Stimmung und Atmosphäre darstellen

Du kannst eine eigene Reihenfolge der einzelnen Punkte festlegen. Entscheide danach, wozu du Wesentliches sagen kannst.

6 Lies den Anfang folgender Inhaltsbeschreibung durch. Welcher Punkt der Checkliste wird darin ausgeführt? Hake ab und vervollständige die Inhaltsbeschreibung dann auf einem separaten Blatt.

In der Geschichte kommen mehrere Personen vor: die Hauptperson ist Irmgard Kindel. Daneben gibt es verschiedene Nebenpersonen. Irmgard arbeitet als Sachbearbeiterin bei einer Bank. Dort bearbeitet sie „Kreditanträge, Termingelder und Überweisungsträger“ (Z. 5). In einem täglichen Ritual beschließt sie ihren Arbeitstag, indem sie …

TIPP Formulierungshilfen

Hilfreiche Verben und Satzverbindungen findest du in den Tippkästen „Formulierungshilfen“ (Seite 88).

Beschreibung der Sprache

Zu folgenden sprachlichen Merkmalen hast du auf Seite 104 – 108 Vorarbeiten geleistet:
- sprachliche Mittel und ihr Bezug zum Inhalt
- Redeform und ihr Bezug zum Inhalt
- Satzbau und seine Wirkung
- Sprachstil
- sprachliche Darstellung der gegensätzlichen Welten
- Erzähltempus
- Fachbegriffe

7 Lies folgende Zitate aus Schüleraufsätzen als Anregung durch. Fertige dann deine eigene Beschreibung der Sprache des Textes an. Auch hier kannst du selbst ein sinnvolle Reihenfolge festlegen.

Die Kurzgeschichte ist in einfacher, gut verständlicher Alltagssprache formuliert.

Es gibt nur wenige Fachbegriffe. Sie stammen aus den zwei Welten, in denen Irmgard/Manu lebt.

Die sprachlichen Formulierungen sollen den Unterschied zwischen den Welten verdeutlichen.

Beschreibung des Aufbaus und der Form

8 Auch hier hast du die wesentlichen Punkte schon erarbeitet (siehe Seite 108 – 110). Formuliere diesen Abschnitt nun aus. Gehe dabei auch auf die Zäsur der Handlung in Zeile 36 ein.

SCHLUSS

Viele Schüler und Schülerinnen machen nach dem langen Hauptteil des Aufsatzes an dieser Stelle schlapp. Sie wollen nur noch schnell fertig werden und schenken dem Schlussteil dann kaum Beachtung. Falls es dir genauso geht, mach an dieser Stelle eine kurze Pause, recke und strecke dich und mobilisiere nochmals deine letzten Energiereserven.

Die Textintention ausformulieren

In diesem Abschnitt kannst du zeigen, wie gut du die Geschichte durchdrungen hast. Du löst dich von der wörtlichen Ebene des Textes und formulierst eine darüber hinausgehende Aussage zur Bedeutung.

9 Lies deine Ideen der Mindmap (siehe Seite 110) durch und formuliere einige davon aus.

Die eigene Meinung darstellen

Den meisten Schülerinnen und Schülern fällt es leichter, die eigene Meinung zu einem Erzähltext zu formulieren als zu einem Gedicht. Man kann sich besser in die Figuren hineinversetzen, hat vielleicht ähnliche Erfahrungen gemacht wie sie und kann sich insgesamt alles besser vorstellen. Geht es dir genauso?

10 Auf Seite 111 hast du schon einige Ideen gesammelt. Formuliere sie aus.

Achter Schritt: Den Aufsatz kontrollieren und überarbeiten

Nicht schummeln und hier einfach aufhören. Mach eine Pause und arbeite dich dann noch einmal durch dein Werk. Arbeite dafür mit der Checkliste auf Seite 133 und benutze ein Rechtschreibwörterbuch.

Hast du durchgehalten? Dann bist du in deiner Prüfungsvorbereitung ein großes Stück weitergekommen. Glückwunsch!

Zur besseren Übersicht sind hier die **Schritte zur Textbeschreibung** noch einmal in Kurzform dargestellt:

INFO In acht Schritten zur Textbeschreibung

Erster Schritt: Den Erzähltext lesen
Zweiter Schritt: Den Inhalt erarbeiten
Dritter Schritt: Die Sprache untersuchen
Vierter Schritt: Den Aufbau und die Form untersuchen
Fünfter Schritt: Die Textintention ermitteln
Sechster Schritt: Die eigene Meinung darstellen
Siebter Schritt: Den Aufsatz ausformulieren
Achter Schritt: Den Aufsatz kontrollieren und überarbeiten

Zur besseren Übersicht sind hier in einer Zusammenstellung **Merkmale** aufgelistet, die du an einem Erzähltext untersuchen kannst. Nicht bei allen Texten kannst du für alle Merkmale relevante Aussagen machen. Du musst folglich selbst herausfinden, welche Beschreibungen jeweils sinnvoll sind.

LESELUPE Beschreibung von Erzähltexten

Folgende Merkmale kannst du bei **erzählenden Texten** (z. B. Kurzgeschichte, Anekdote usw.) beschreiben:

INHALT:
- Haupt- und Nebenfiguren charakterisieren
- Figurenkonstellation beschreiben (Beziehungen zwischen den Figuren)
- Handlung: äußere und innere
- Erzählform und Erzählerwissen
- Ort und Zeit
- Zeitgestaltung

SPRACHE
(→ Bezug zum Inhalt herstellen):
- sprachliche Mittel
- Redeform (Erzählbericht vs. Figurenrede)
- Satzbau
- Sprachtstil
- Erzähltempus

AUFBAU/FORM
(→ Bezug zum Inhalt herstellen):
- Sinnabschnitte
- Textsorte bestimmen

B 11 Angeleitete Prüfungsaufgabe „Texte beschreiben“ (Prosa)

In diesem Kapitel übst du die einzelnen Schritte der Textbeschreibung an einem weiteren Erzähltext. Obwohl du in der Prüfung nicht alle Teile einer kompletten Textbeschreibung erarbeiten musst, bekommst du hier die Möglichkeit, alles zu üben. Das ist wichtig, weil man nicht weiß, was Gegenstand der Prüfung sein wird. Anhand von Fragen wirst du auf wesentliche Textstellen aufmerksam gemacht. Markiere sie im Text und notiere die Antworten auf einem Notizblatt. Arbeite bei den einzelnen Arbeitsschritten mit verschiedenen Farben (siehe Tipp Seite 81). Die Lösungshilfekästen helfen dir bei Unsicherheiten. Halte für die Bearbeitung eine Uhr bereit, mit der du deine Arbeitszeit für die einzelnen Schritte ermitteln kannst. Das ist wichtig, um ein Gefühl für die Bearbeitungszeit von etwa **100 – 120 Minuten**, die dir in der Prüfung zur Verfügung steht, zu bekommen. Falls du nicht das gesamte Kapitel am Stück bearbeiten kannst oder magst, notiere dir die benötigte Arbeitszeit für die erledigten Schritte, um am Ende deine Gesamtarbeitszeit auszurechnen.

Allmorgendlich
Michaela Seul

Jeden Morgen sah ich sie. Ich glaube, sie fiel mir gleich bei der ersten Fahrt auf. Ich hatte meinen Arbeitsplatz gewechselt und fuhr vom Ersten des Monats an mit dem Bus um 8:11 Uhr.

Es war Winter. Jeden Morgen trug sie den kirschroten Mantel, weiße, pelzbesetzte Stiefel, weiße Handschuhe, und ihr langes, dunkelbraunes, glattes Haar zu einem ungewöhnlichen, aber langweiligen Knoten aufgesteckt. Jeden Morgen stieg sie um 8:15 Uhr zu und ging mit hocherhobenem Kopf auf ihren Stammplatz, vorletzte Reihe rechts, zu.

Das Wort mürrisch passte gut zu ihr. Sie war mir sofort unsympathisch. So geht es mir oft: Ich sehe fremde Menschen, wechsle kein Wort mit ihnen und fühle Ablehnung und Ärger bei ihrem bloßen Anblick. Ich wusste nicht, was mich an ihr so störte, denn ich fand sie nicht schön; es war also kein Neid.

Sie stieg zu, setzte sich auf ihren seltsamerweise immer freien Platz, holte die Zeitung aus ihrer schwarzen Tasche und begann zu lesen. Jeden Morgen ab Seite drei. Nach der dritten Station griff sie erneut in die Tasche und holte – ohne den Blick von der Zeitung zu wenden – zwei Brote hervor. Einmal mit Salami und einmal mit Mettwurst. Lesend aß sie. Sie schmatzte nicht und trotzdem erfüllte mich ihr essender Anblick mit Ekel. Die Brote waren in einem Klarsichtbeutel aufbewahrt und ich fragte mich oft, ob sie einen neuen Beutel benutzte oder denselben mehrmals verwendete.

Ich beobachtete sie ungefähr zwei Wochen, als sie mir gegenüber ihre mürrische Gleichgültigkeit aufgab. Sie musterte mich prüfend. Ich wich ihr nicht aus. Unsere Feindschaft war besiegelt. Am nächsten Morgen setzte ich mich auf ihren Stammplatz. Sie ließ sich nichts anmerken, begann wie immer zu lesen. Die Stullen packte sie allerdings erst nach der sechsten Station aus. Jeden Morgen vergrämte sie mir den Tag. Gierig starrte ich zu ihr hinüber, saugte jede ihrer mich persönlich beleidigenden, sich Tag für Tag wiederholenden Hantierungen auf, ärgerte mich, weil ich vor ihr aussteigen musste und sie in den Vorteil der Kenntnis meines Arbeitsplatzes brachte.

Erst als sie einige Tage nicht im Bus saß und mich dies beunruhigte, erkannte ich die Notwendigkeit des allmorgendlichen Übels. Ich war erleichtert, als sie wieder erschien, ärgerte mich doppelt über sie, den Haarknoten, der ungewöhn-

lich und trotzdem langweilig war, den kirschroten Mantel, das griesgrämige Gesicht, die Salami, die Mettwurst und die Zeitung.
Es kam so weit, dass sie mir nicht nur während der Busfahrten gegenwärtig war, ich nahm sie mit nach Hause, erzählte meinen Bekannten von ihrem unmäßigen Schmatzen, dem Körpergeruch, der großporigen Haut, dem abstoßenden Gesicht. Herrlich war es mir, mich in meine Wut hineinzusteigern; ich fand immer neue Gründe, warum ihre bloße Gegenwart mich belästigte. Wurde ich belächelt, beschrieb ich ihre knarzende Stimme, die ich nie gehört hatte, ärgerte mich, weil sie die primitivste Boulevardzeitung las und so fort. Man riet mir, einen Bus früher, also um 8:01 Uhr zu fahren, doch das hätte zehn Minuten weniger Schlaf bedeutet. Sie würde mich nicht um meinen wohlverdienten Schlaf bringen! Vorgestern übernachtete meine Freundin Beate bei mir. Zusammen gingen wir zum Bus.
SIE stieg wie immer um 8:15 Uhr zu und setzte sich auf ihren Platz. Beate, der ich nie von IHR erzählt hatte, lachte plötzlich, zupfte mich am Ärmel und flüsterte:
„Schau mal, die mit dem roten Mantel, die jetzt das Brot isst, also ich kann mir nicht helfen, aber die erinnert mich unheimlich an dich. Wie sie isst und sitzt und wie sie schaut.“

Quelle: Michaela Seul: Allmorgendlich. In: Kristiane Allert-Wybranietz (Hrsg.): Abseits der Eitelkeiten. Heyne Verlag. München 1987, S. 23

Erster Schritt: Den Erzähltext lesen

Hast du die Uhr im Blick?

1 Lies den gesamten Text mindestens zweimal durch. Markiere und notiere mit einem Bleistift:

- Gibt es schwierige Wörter, die du nicht verstehst und nachschlagen musst?
- Welche Textstellen sind schwierig zu verstehen?
- Was bleibt unklar?
- Fällt dir sonst etwas auf?

2 Markiere und notiere nun mit einem Bleistift, welche Informationen du später für die Einleitung deines Aufsatzes brauchst.

- Wer hat den Text verfasst?
- Wie lautet der Titel des Textes?
- Um welche Textart handelt es sich?
- Wer hat den Text herausgegeben?
- Gibt es einen Hinweis auf die Textquelle?
- Wann ist der Text erschienen?
- In welcher Stadt ist der Text erschienen?
- In welchem Verlag ist der Text erschienen?
- Was ist das Thema des Textes?

LÖSUNGSHILFE Thema des Textes

Falls du das Thema jetzt noch nicht erkennen kannst, ist das nicht schlimm. Untersuche die Geschichte weiter und mach dir im Zusammenhang mit der Untersuchung der Textintention nochmals genauer Gedanken zum Thema.

Benötigte Zeit: *Für das Lesen des Textes und die Vorbereitung der Einleitung meines Aufsatzes habe ich* ________ *Minuten benötigt.*

Zweiter Schritt: Den Inhalt erarbeiten

1 Untersuche nun genau, was in der Geschichte geschieht. Markiere mit der Farbe, die du für den Inhalt festgelegt hast, und mach Notizen.

a) Schreibe die wichtigsten Handlungsschritte in Stichworten auf.
b) Wo spielt die Geschichte?
c) Gibt es Zeitangaben im Text?
d) Was kannst du über die Zeitgestaltung herausfinden?
e) Was kannst du zur Überschrift „Allmorgendlich“ sagen?
f) Welche Personen kommen in der Geschichte vor?
g) Welches sind Haupt– bzw. Nebenfiguren?
h) Was erfährst du über die Ich-Erzählerin?
i) Was erfährst du über die Frau aus dem Bus?
j) Was erfährst du über die Freundin der Ich-Erzählerin?
k) In welcher Beziehung steht die Ich-Erzählerin zu den anderen Figuren?
l) Kennzeichne innere und äußere Handlung.
m) Bestimme das Erzählverhalten und die Erzählform.
n) Welche Wirkung haben diese?

Benötigte Zeit: *Für die Untersuchung des Inhalts habe ich ________ Minuten benötigt.*

LÖSUNGSHILFE Inhalt untersuchen

Solltest du einige der Fachbegriffe nicht verstehen, schau im Glossar (ab Seite 134) nach.

Dritter Schritt: Die Sprache untersuchen

Vergiss nicht den Blick auf die Uhr.

1 Untersuche den Text auf die Verwendung **sprachlicher Mittel**. Markiere sie im Text mit der Farbe, die du für die Sprache festgelegt hast. Notiere sie in Stichworten und überlege, welcher Bezug zum Inhalt herstellbar ist.

2 Wie kannst du die **Redeform** der Geschichte beschreiben? Wird die Geschichte ausschließlich von einem Erzähler erzählt oder kommt eine Figur oder kommen mehrere Figuren selbst zu Wort? Auf welche Weise bringen sich diese ein:

- wörtliche Rede
- indirekte Rede
- innerer Monolog
- erlebte Rede

LÖSUNGSHILFE Untersuchung der Sprache

Kannst du dich an einen der gefragten Begriffe nicht erinnern? Schau im vorherigen Kapitel (Seite 99 – 116) oder im Glossar (ab Seite 134) nach.

3 Untersuche den **Satzbau** des Textes. Welche Wirkung entsteht? Stelle eine Verbindung zum Inhalt her.

4 Wie würdest du den **Sprachstil** beschreiben? Inwiefern unterstützt er die Wirkung des Inhalts auf dich als Leser?

5 Untersuche das **Erzähltempus** (= Zeitform). Gibt es Abweichungen vom Präteritum? Oder gibt es hier keine Auffälligkeiten?

Benötigte Zeit: *Für die Untersuchung der Sprache habe ich* ______ *Minuten benötigt.*

Vierter Schritt: Den Aufbau und die Form untersuchen

Hast du schon auf die Uhr geschaut?

1 Der Text ist nicht in Abschnitte gegliedert. In welche **Sinnabschnitte** kannst du ihn gliedern?

LÖSUNGSHILFE Textsorte

Eine Kurzgeschichte muss nicht zwangsläufig alle Merkmale der Textsorte aufweisen. Wähle etwa vier aus und beschreibe diese.
Solltest du unschlüssig sein, ob es sich tatsächlich um eine Kurzgeschichte handelt, kannst du die Textsorte der zweiten Prüfungsaufgabe immer als „kurzen Erzähltext“ bezeichnen.

2 Um welche **Textsorte** handelt es sich? Kannst du Merkmale einer Kurzgeschichte finden? Notiere dir Textbelege.

Benötigte Zeit:
Für die Untersuchung des Aufbaus und der Form habe ich ________ Minuten benötigt.

Fünfter Schritt: Die Textintention ermitteln

Hast du die Uhr im Blick?

1 Welche **Aussage** will der Text machen? Was könnte eine **Botschaft** an den Leser sein? Schau nochmals alle deine Notizen an und sammle stichwortartig Ideen (z. B. als Mindmap). Es lohnt sich, hier einige Minuten nachzudenken, da du alle vorherigen Untersuchungsergebnisse stimmig einbeziehen sollst.

LÖSUNGSHILFE Textintention

Die Antworten auf folgende Fragen können dir Impulse liefern:
- Was waren deine ersten Gedanken, nachdem du die Erzählung gelesen hattest?
- Wofür steht die fremde Frau?
- Was denkst du, was sollst du aus der Kurzgeschichte „mitnehmen" oder „lernen"?
- Welche Beziehung steht im Mittelpunkt der Geschichte?
- Was hat dich beim Lesen besonders überrascht?

Sechster Schritt: Deine eigene Meinung darstellen

1 Folgende Fragen können dir eine Anregung sein:
- Welche Gedanken und Gefühle löst diese Geschichte bei dir persönlich aus?
- Hast du schon einmal eine ähnliche Situation erlebt?
- Was hat dich beeindruckt?
- Wie empfindest du das Ende der Geschichte?
- In welche Figur kannst du dich als Leser besonders gut hineinversetzen? Warum?
- Welche Figuren bleiben dir eher fremd?
- Was würde dich genauer interessieren?

Benötigte Zeit:
Für die Untersuchung der Intention und der eigenen Meinung habe ich ________ Minuten benötigt.

Siebter Schritt: Den Aufsatz ausformulieren

1 Im letzten Schritt formulierst du wieder deine Textbeschreibung aus. Die Tippkästen „Formulierungshilfen“ auf Seite 88, „Satzbausteine zur Textintention“ auf Seite 89 sowie „Kriterien für eine gute Darstellung der eigenen Meinung“ auf Seite 89 helfen dir dabei sicherlich. Beachte auch den „Aufbau einer Textbeschreibung“ auf Seite 90. Behalte nun wieder die Uhr im Blick.

Wie anfangen? Die folgenden Sätze können dir für jeden Abschnitt Anschubhilfe leisten:

LÖSUNGSHILFE Wie anfangen?

erster Satz und Thema	Die Kurzgeschichte „Allmorgendlich“ von Michaela Seul ist im Jahr 1987 in dem Buch „Abseits der Eitelkeiten“ beim Heyne Verlag in München veröffentlicht worden. Herausgeberin des Buchs ist Kristine Allert-Wybraniez. In der Kurzgeschichte geht es um ...
Beschreibung des Inhalts	Auf dem Weg zu ihrer neuen Arbeit fällt der Ich-Erzählerin im Bus eine Frau auf, die ...
Beschreibung der Sprache	Die Kurzgeschichte „Allmorgendlich“ ist ein einer einfachen, alltagsnahen und gut verständlichen Sprache geschrieben. Die vielen Adjektive, die ...
Beschreibung der Form	Betrachtet man die Kurzgeschichte genauer, stellt man fest, dass sie sich in drei Sinneinheiten gliedert. Der erste Sinnabschnitt ...
Textintention	In der vielschichtigen Kurzgeschichte „Allmorgendlich“ wird der Leser mit einer Situation aus dem täglichen Leben konfrontiert. Nahezu jeder dürfte nachvollziehen können, dass ...
eigene Meinung	Ich persönlich denke ... Mir hat dabei gut gefallen ... Schade fand ich ... Abschließend würde ich sagen ...

Benötigte Zeit: *Für das Ausformulieren des Aufsatzes habe ich* ________ *Minuten benötigt.*

Achter Schritt: Aufsatz überarbeiten

1 Kontrolliere deinen Aufsatz aufmerksam mithilfe der Checkliste auf Seite 133 und eines Rechtschreibwörterbuchs. Verbessere ihn.

Benötigte Zeit: *Für die Überprüfung des Aufsatzes habe ich* ________ *Minuten benötigt.*

Auswertung der Arbeitszeit

Wenn du dich von den Strapazen des Schreibens etwas erholt hast, ist es sicherlich interessant, deine benötigte Gesamtarbeitszeit zu ermitteln. In der oberen Tabelle auf der nächsten Seite sind schon die Zeiten eingetragen, die du in der Prüfung zusätzlich einplanen solltest. Übertrage nun die einzelnen Zeitabschnitte, die du für „Allmorgendlich“ benötigt hast, in die Tabelle.

Arbeitsschritt	Zeit
– Prüfungsaufgaben durchlesen – Auswahl der Aufgabe, die du bearbeiten willst	10 Minuten
– Erzähltext untersuchen: erster – sechster Schritt	
– Aufsatz ausformulieren: siebter Schritt	
– Aufsatz kontrollieren und überarbeiten	
– Reinschrift	
– eine kurze Pause	5 Minuten
– Puffer	5 Minuten
Summe Gesamtarbeitszeit	

Zur Erinnerung: Du hast etwa **100 – 120 Minuten** in der Prüfung als Arbeitszeit zur Verfügung. Liegst du mit deinem aktuellen Ergebnis wesentlich über dieser Zeitspanne? Dann untersuche genau, bei welchen Schritten du wie viel Zeit benötigst. Inhaltsangabe und persönliche Meinung sowie Schluss und Einleitung sind eigentlich immer Bestandteil der Prüfung. Andere Teile des Hauptteils können je nach Fragestellung in der Prüfung variieren. Wenn du sehr ordentlich schreibst, kannst du eventuell bei der Reinschrift Zeit einsparen. Bedenke bei deiner Analyse, dass du mehr geübt hast, als in der Prüfung gefordert sein wird. Denke ebenso daran, dass die Darstellung deines Aufsatzes ebenfalls bewertet wird. Er sollte insgesamt „sauber" aussehen.

Generalprobe
Bei den Aufgaben der **Original-Prüfung 2021** ab Seite 124 findest du einen weiteren Erzähltext, den du zur Vorbereitung auf die Prüfung beschreiben kannst. Nutze diese Aufgabe als **Generalprobe**. Arbeite dann nur mit den zulässigen Hilfsmitteln und versuche, die etwa zwei Stunden am Stück durchzuhalten.
Es kann sinnvoll sein, für die einzelnen Arbeitsschritte im Voraus Zeitabschnitte einzuplanen und diese mit der tatsächlich benötigten Arbeitszeit zu vergleichen. Zur Probe kannst du folgende Tabelle verwenden:

Zeitplanung zur Gedichtbeschreibung „Allmorgendlich" (Michaela Seul)

Arbeitsschritt	Zeit	tatsächliche Arbeitszeit
– Prüfungsaufgaben durchlesen – Auswahl der Aufgabe, die du bearbeiten willst	10 Minuten	
– Gedicht untersuchen: erster – sechster Schritt		
– Aufsatz ausformulieren: siebter Schritt		
– Aufsatz kontrollieren und überarbeiten		
– Reinschrift		
– eine kurze Pause	5 Minuten	
– Puffer	5 Minuten	
Summe Gesamtarbeitszeit		

C Original-Prüfungsaufgaben 2021*

Teil A1 und A2 sind Pflichtteile.
Hilfsmittel:
- Rechtschreibwörterbuch
- Lektüre „Der Sonne nach" von Gabriele Clima

Alle Aufgaben sind zu bearbeiten und auf einem separaten Schülerbogen zu notieren.

Pflichtteil A1 Sachtext (25 Punkte)

Das kurze Leben der Elektrogeräte

von Birgit Amrehn, 01.08.2017

Kurz nachdem die Garantie abgelaufen ist, gehen viele elektrische Geräte kaputt. Der Verdacht liegt nahe: Hersteller bauen gezielt für den Müll. Doch beweisen lässt sich dies nicht. Fakt ist: Bei der Entwicklung eines Elektrogeräts planen die Hersteller, wie lange es voraussichtlich funktionieren wird. „Haltbarkeit spielt dabei keine Rolle mehr", regt sich Stefan Schridde auf. Seit Jahren kämpft er mit seiner Kampagne „Murks? Nein, danke!" für nachhaltige Produktqualität. Er ist sich sicher: Allzu oft bauen Hersteller absichtlich einen Defekt in das Gerät. Denn wenn der Kunde neu kaufen muss, wird der Umsatz angekurbelt. Fachleute nennen das „geplante Obsoleszenz". Ob fest verbaute Akkus, Kunststoffzahnräder, die sich gegenseitig zerfräsen oder falsch bemessene Kondensatoren – Schridde wird nicht müde, Beispiele von „Murks" zu sammeln. Sein Lieblingsobjekt ist ein Milchaufschäumer eines Markenherstellers. Um das Gehäuse zu öffnen, sind zwar Schrauben vorhanden, doch letztendlich hilft nur zerstörerische Gewalt: Das Gehäuse ist zusätzlich verklebt. Eine Reparatur ist vom Hersteller nicht eingeplant. Bauen die Hersteller solche Schwachstellen also extra ein? Wasserdicht beweisen kann selbst Stefan Schridde es nicht.

Doch es gibt einige Indizien. Die meisten wurden bislang bei der Glühbirne gefunden: In den 1940er Jahren flog ein geheimer Zusammenschluss internationaler Glühlampenhersteller auf. In den Akten des sogenannten Phoebuskartells steht es schwarz auf weiß: Die Lebensdauer einer Glühbirne ist auf 1000 Stunden zu begrenzen. Brennt eine Birne länger, wird der Hersteller mit empfindlichen Geldbußen bestraft. Doch weitere Beweise blieben bislang aus. Die Stiftung Warentest stellte vor einigen Jahren zwar fest, dass diverse Produkte unerfreulich kurzlebig sind. Doch ihre Testergebnisse ergaben keinen Rückschluss darauf, dass Hersteller absichtlich Fehlerquellen einbauten. Und auch eine 2016 vom Umweltbundesamt veröffentlichte Studie fand keine Indizien dafür. Zwar plane der Hersteller die Lebensdauer, doch sei er dabei verschiedenen Faktoren unterworfen. Zum Beispiel müsse er möglichst günstig produzieren, um auf dem Markt bestehen zu können – Technik und Material hätten Leistungsgrenzen.

„Ob es geplante Obsoleszenz gibt oder nicht – diese Frage muss gar nicht unbedingt beantwortet werden, um zu wissen, dass wir handeln müssen", sagt Ines Oehme vom Umweltbundesamt. „Unser Ziel ist es, dass die Menschen

* Quelle: Regierungspräsidium Stuttgart

sich auf eine Mindestlebensdauer verlassen können und ihre Geräte so lange wie möglich nutzen. Und dafür müssen wir auf vielen Ebenen die Bedingungen verbessern." Denn eines förderte die von ihr begleitete Studie sehr wohl zu Tage: Elektrogeräte werden immer kürzer genutzt. Besonders der Anteil von Haushaltsgroßgeräten, die bereits in den ersten fünf Jahren kaputt gehen, stieg deutlich an.

Doch nicht nur die Hersteller werden in der Studie zur Verantwortung gezogen, sondern auch die Verbraucher. Viele kaufen sich frühzeitig ein neues Gerät, obwohl das alte noch voll funktionsfähig ist. Besonders bei Smartphones und Fernsehern wollen viele die neueste Technologie oder das neueste Modell besitzen. Egal aus welchen Gründen Elektrogeräte kurz genutzt werden, für das Umweltbundesamt ist das unter ökologischen Gesichtspunkten ein Dorn im Auge. Die Herstellung der Produkte verbraucht wertvolle Ressourcen; Schadstoffe und Treibhausgase belasten Umwelt und Klima. Doch was tun? „Wir müssen uns als Gesellschaft darauf einigen, wie lange ein Gerät mindestens halten soll", meint Ines Oehme. „Oder wie lange Ersatzteile vorhanden sein müssen und Software weiter unterstützt werden muss." Bei Staubsaugern regelt das bereits die Ökodesign-Richtlinie. Sie legt fest, dass spätestens ab dem 1. September 2017 der Motor mindestens 500 Stunden durchhalten muss. Das entspricht einer durchschnittlichen Lebensdauer von zehn Jahren. Mit der Ökodesign-Richtlinie ließen sich auch für andere Produktgruppen Mindestanforderungen festlegen, etwa wie lange sie halten müssen oder dass sie zu reparieren sein müssen. Für Stefan Schridde, den „Murks"-Initiator, geht das zu langsam. Er fordert eine Änderung des gesetzlichen Gewährleistungsrechts. Kunden können bisher zwei Jahre lang den Handel für defekte Elektrogeräte haftbar machen. Nach einem halben Jahr müssen sie jedoch nachweisen, dass sie nicht selbst den Defekt verursacht haben. Könnte der Kunde den Handel längere Zeit ohne Nachweis einer Ursache in Haftung nehmen, würde laut Schridde die Qualität automatisch steigen. Und er müsse nicht weiter so viel Murks sammeln.

Quelle: Birgit Amrehn: Das kurze Leben der Elektrogeräte. Nach: Planet Wissen, Sendung vom 1. August 2017, Westdeutscher Rundfunk Köln

AUFGABE 1 Textverständnis

1 Prüfen Sie, welche der folgenden Aussagen mit dem Sachtext übereinstimmen. Notieren Sie entsprechend: trifft zu / trifft nicht zu. (3 Punkte)

a) *Ein geheimer Zusammenschluss internationaler Glühlampenhersteller legte in den 1940er Jahren fest, die Lebensdauer einer Glühbirne auf 1000 Stunden zu begrenzen.*
b) *Die Stiftung Warentest fand in einer Studie viele Indizien, die beweisen, dass Hersteller absichtlich Fehlerquellen einbauen.*
c) *Der Anteil an Haushaltsgeräten, die in den ersten fünf Jahren nicht kaputt gehen, stieg deutlich an.*
d) *Viele Konsumenten kaufen sich erst dann ein neues Gerät, wenn das alte nicht mehr funktionsfähig ist.*
e) *Unter ökologischen Gesichtspunkten ist die kurze Lebensdauer von Elektrogeräten nicht vertretbar.*
f) *Handrührgeräte müssen seit September 2017 eine Laufzeit von mindestens 500 Stunden aufweisen.*

2 Erklären Sie den Begriff „geplante Obsoleszenz". (1 Punkt)

3 Das Umweltbundesamt kritisiert die kurze Lebensdauer aus ökologischen Gesichtspunkten. Formulieren Sie zwei Gründe dafür. Antworten Sie in vollständigen Sätzen. (2 Punkte)

4 Erläutern Sie das aktuelle gesetzliche Gewährleistungsrecht. (1 Punkt)

5 Beschreiben Sie zwei Gründe, warum Elektrogeräte immer kürzer genutzt werden. (2 Punkte)

6 Begründen Sie, warum laut Stefan Schridde eine Änderung des gesetzlichen Gewährleistungsrechtes automatisch zu einer Qualitätssteigerung führen würde. (1 Punkt)

AUFGABE 2 Sprachgebrauch

7 Rechtschreibung
Bestimmen Sie die korrekte Schreibweise des unterstrichenen Wortes und benennen Sie die angewandte Rechtschreibstrategie/Rechtschreibregel. (4 Punkte)
Beispiel: kommen/komen: kommen → Strategie: Schwingen, kom – men

a) *Ein schneller Defekt bei Kleingeräten ist nichts Überraschendes/überraschendes.*
b) *Erste Anzeichen für das drohende Ende der Lebensdauer sind zunehmend laute Gereusche/Geräusche des Gerätes.*
c) *Manche Elektrogeräte können bei intensiver Nutzung leicht in Brand/Brant geraten.*
d) *Für den Konsumenten ist es am Besten/besten, wenn er ein qualitativ hochwertiges Gerät mit einer langen Lebensdauer kauft.*

8 Zeichensetzung
Übertragen Sie die unten stehenden Sätze und setzen Sie die fehlenden Kommas. Begründen Sie jeweils mit der passenden Kommaregel. (2 Punkte)

a) *Der Umsatz wird angekurbelt wenn der Kunde neue Geräte kaufen muss.*
b) *Smartwatches die technisch schnell veralten sind besonders bei Jugendlichen sehr beliebt.*

9 Indirekte Rede (1 Punkt)
Formulieren Sie die folgende Aussage in indirekter Rede. Verwenden Sie den Konjunktiv I.

Ines Oehme vom Umweltbundesamt sagt: „Unser Ziel ist es, dass die Menschen sich auf eine Mindestlebensdauer verlassen können […].“ (Z. 34 f.)

10 Tempus (2 Punkte)
Bestimmen Sie das Tempus. Verwenden Sie den lateinischen Fachbegriff.

a) *Er muss nicht weiter so viel Murks sammeln.*
b) *In den Akten des sogenannten Phoebuskartells hatte es schwarz auf weiß gestanden.*
c) *Eine Änderung des gesetzlichen Gewährleistungsrechts wird 2030 bereits umgesetzt worden sein.*
d) *Der Hersteller hat bewusst Schwachstellen in die Elektrogeräte eingebaut.*

11 Aktiv/Passiv (1 Punkt)
Formulieren Sie den Satz im Passiv.

Verbraucher kaufen frühzeitig neue Geräte, obwohl die alten noch voll funktionsfähig sind.

12 Wortarten (2 Punkte)
Bestimmen Sie die Wortarten der unterstrichenen Wörter und notieren Sie die lateinischen Bezeichnungen.

„Ob (1) es geplante Obsoleszenz gibt (2) oder nicht – diese (3) Frage muss gar nicht unbedingt beantwortet werden, um zu wissen, dass wir (4) handeln müssen.“ (Z. 32 ff.)

13 Feldermodell (2 Punkte)
Erstellen Sie eine beschriftete Feldertabelle. Tragen Sie den folgenden Satz ein, ohne ins Nachfeld zu schreiben:

Ein Elektrogerät sollte eine Mindestlebensdauer haben, weil dies aus ökologischen Gesichtspunkten nachhaltiger ist.

14 Umgang mit Sprache (1 Punkt)
Erklären Sie die Formulierung: „ein Dorn im Auge“. (Z. 42)

Pflichtteil A2 Lektüre (25 Punkte)

Lektüre: „Der Sonne nach“ (Gabriele Clima)

Alle folgenden Textauszüge aus „Der Sonne nach“ von Gabriele Clima sind der Ausgabe des Carl Hanser Verlags von 2019 entnommen (ISBN: 978-3-446-262260-7; Übersetzerinnen: Barbara Neeb, Katharina Schmidt).

15 Nennen Sie drei bedeutsame Figuren, denen Dario oder Andy auf ihrer Reise begegnen, und erklären Sie kurz deren Bedeutung. (3 Punkte)

16 Zeigen Sie auf, warum Dario seine Gesamtsituation so empfindet (vier Aspekte). (4 Punkte)

„Also, dann hör mir mal gut zu. Du bist nicht der Einzige. Ich sitze auch in einem Rollstuhl. Seit neun Jahren schon. Hat bloß keiner mitbekommen.“
(S. 102)

17 Nennen Sie zwei Gründe, warum Dario Frau Delfrati in dieser Situation als „Weichei“ empfindet. (2 Punkte)

„In Ordnung“, sagte die Delfrati schließlich. „Tun wir so, als wäre nichts passiert.“ Na toll, dachte Dario, das ist genau die Antwort, wie man sie von einem Weichei erwartet.
(S. 21)

18 Erklären Sie, wodurch Dario Andys positive Entwicklung beeinflusst hat (drei Aspekte). (3 Punkte)

„Deswegen, Dario, was auch immer du mit Andy gemacht hast, ich möchte nicht, dass du damit aufhörst.“
(S. 149)

19 Innerer Monolog

> „Er hatte nur noch einen Gedanken, zu verschwinden, er wollte nur noch von hier weg, weit weg, einfach abhauen. Aber abgehauen war er ja schon. Und war hier ‚Am Park' gelandet. Wo es keine Villen gab. Keine Tore mit goldenen Kingelschildern. Es gab nicht einmal einen Vater."
> (S. 125)

Stellen Sie in einem inneren Monolog drei weitere Gedanken Darios dar (mindestens 200 Wörter). (13 Punkte)

ODER

19 Tagebucheintrag

> „Dario sagte nichts, aß nichts, kam tagelang nicht aus seinem Zimmer, monatelang, jahrelang, wer konnte das schon sagen, wie bemisst man die Zeit, wenn man sich in seinem Zimmer verkriecht?"
> (S. 142)

In dieser Situation schreibt Dario einen Tagebucheintrag, in dem er thematisiert, was ihm der gemeinsame Ausflug bedeutet und was er durch Andy gelernt hat. Schreiben Sie diesen Tagebucheintrag (mindestens 200 Wörter). (13 Punkte)

Wahlteil B (50 Punkte)

Bearbeiten Sie eine der drei folgenden Aufgaben aus Wahlteil B.
Hilfsmittel:
- Rechtschreibwörterbuch

AUFGABE 1 Erörterung

Erörtern Sie, welche Argumente für und gegen ein Verbot von Feuerwerkskörpern sprechen (jeweils mindestens drei Argumente). Verwenden Sie den Text für Ihre Argumentation. Begründen Sie Ihre eigene Meinung.
Formulieren Sie einen zusammenhängenden, gegliederten Text.

Debatte über Feuerwerk: Brauchen wir ein Böllerverbot?

von Martin Franke, 27.12.2019

Es ist fast zwölf Monate her, dass die Deutsche Umwelthilfe (DUH) ankündigte, ein Böllerverbot in deutschen Großstädten mit hoher Feinstaubbelastung durchzusetzen. Notfalls auch vor Gericht. Kurz vor Weihnachten hieß es dann von der Organisation etwas zurückhaltender: „39 Prozent der belasteten Feinstaub-Städte sind für Feuerwerk-Verbotszonen." Städte wie Hamburg, München, Stuttgart und Köln haben Verbotszonen für private Silvester-Knaller in der Innenstadt angekündigt. Auch in Berlin sind Raketen und Böller in der Silvesternacht von 18 Uhr bis 6 Uhr zum ersten Mal nicht nur auf der Partymeile am Brandenburger Tor verboten, sondern auch auf dem nördlichen Alexanderplatz. Die Polizei hat angekündigt, Feuerwerkskörper in den betroffenen Zonen notfalls „mit Zwang" zu beschlagnahmen. In den vergangenen Jahren waren auf dem Alexanderplatz und in Schöneberg immer wieder Rettungskräfte und Polizisten mit Böllern beworfen worden.

Die meisten Deutschen sind aus Umwelt- und Sicherheitsgründen für ein Verbot von Böllern zu Silvester. Laut einer repräsentativen Befragung des Meinungsforschungsinstituts YouGov mit 2000 Teilnehmern für das „RedaktionsNetzwerk Deutschland" befürworten 57 Prozent ein Verbot. 36 Prozent sprechen sich gegen ein Verbot aus, sieben Prozent sind unschlüssig.

Silvesterraketen, Böller und bunte Batterien haben eine lange Tradition. Das Schwarzpulver wurde vor mehr als 1000 Jahren in China erfunden. Im Mittelalter war es den Reichen am feudalen Hofe vorbehalten, um Gäste bei Feierlichkeiten zu unterhalten. Erst im 19. Jahrhundert wurde es der breiten Öffentlichkeit zugänglich gemacht. In den vergangenen Jahren ist der Wirtschaftszweig gewachsen: Gaben die Menschen in Deutschland 2007 noch 100 Millionen Euro für Feuerwerk aus, waren es 2017 bereits 137 Millionen Euro. Dabei ist der Verkauf auf nur drei Tage bis zum 31. Dezember begrenzt. Spannend dürfte sein, ob die Debatte um Klimaschutz die Verkaufszahlen in diesem Jahr nach unten drücken wird, und Hersteller wie Weco und Comet einen Rückgang ihrer Einnahmen zu spüren bekommen – oder ob Verbraucher das Thema für ein paar Minuten ausblenden.

Eine Gefahr für das eigene Leben kann nicht nur von der eigenen Rakete ausgehen. Jedes Jahr gibt es Berichte über teils schwere Verbrennungen, verstümmelte Hände und verlorenes Augenlicht. All diese Verletzungen wären vermeidbar, warnen Ärzte immer wieder aufs Neue, zahlreiche Noteinsätze ebenso. Silvesterböller können das Gehör dauerhaft schädigen. Die Knallkörper erzeugen eine Lautstärke bis zu 120 Dezibel.

Ein weiterer Aspekt ist die Umweltverschmutzung. In einer Pressemitteilung der DUH heißt es, dass die Feinstaubmenge, die durch das Feuerwerk zum Jahreswechsel freigesetzt wird, 16 Prozent der jährlich im Straßenverkehr entstehenden Menge entspreche. Die Menschen verschmutzen zum Spaß nicht nur die Luft, die sie atmen, sondern auch die Natur in ihrer Nachbarschaft. Raketen und Böller landen ohne Umwege in der Umwelt und bleiben dort teilweise monatelang liegen.

Manche Händler verzichten deswegen bereits auf den Verkauf von Feuerwerkskörpern. Andere verdienen am Silvesterkrach weiter viel Geld. Bei einem Discounter gibt es in diesem Jahr ein sogenanntes Systemfeuerwerk mit 152 Schuss für 50 Euro. Brenndauer: etwas mehr als zwei Minuten. […]

Leidtragende der Jahreswende sind auch Tiere: Hunde, Vögel, Waldbewohner. Sie sind diejenigen, die vor dem Fest keine Warnung erhalten und oft auch keinen Rückzugsort haben. In anderen Ländern haben die Tiere es besser, dort wird der Rutsch ins neue Jahr ohne viel Lärm gefeiert: In Spanien kommen die Menschen um Mitternacht zum Beispiel mit einer Tüte Trauben zusammen, in den letzten zwölf Sekunden des Jahres essen die Feiernden jeweils genau zwölf Trauben.

Einzig gegen ein Verbot spricht ein wichtiges Argument: das Verbot selbst. Es wäre die letzte Option des Gesetzgebers, die aber auch in die individuelle Freiheit von Menschen eingreift. Ein generelles Böllerverbot für die ganze Republik ist zudem unrealistisch, auch wenn es dazu Initiativen und Petitionen gibt. Städte und größere Orte könnten viel eher darüber sprechen und Verbotszonen einrichten.

Quelle: Martin Franke: Debatte über Feuerwerk: Brauchen wir ein Böllerverbot? Aus: Frankfurter Allgemeine Zeitung. 27.12.2019. © Alle Rechte vorbehalten. Frankfurter Allgemeine Zeitung GmbH, Frankfurt. Zur Verfügung gestellt vom Frankfurter Allgemeine Archiv.
Online unter: https://www.faz.net/aktuell/gesellschaft/menschen/silvester-brauchen-wir-ein-boeller
verbot-16552841.html (zuletzt aufgerufen am 16.09.2021)

AUFGABE 2 Textbeschreibung „Lyrik"

Untersuchen Sie dieses Gedicht und beschreiben Sie dabei folgende Punkte:
- sprachliche Mittel und deren Wirkung
- Perspektive, Gedanken und Erkenntnisse des Kosmonauten

Formulieren Sie einen zusammenhängenden, gegliederten Text.

Gagarin[1] (1961) *Günter Kunert (1929–2019)*

Die Rechtschreibung folgt der Textquelle.

Als er durch des Himmels Bläue aufgefahren,
Schien es, er bewege sich nicht länger fort,
Und er hänge fest in dieser schwarzen Weite,
Und die Erde drehe sich vor seinem Fenster dort.

Eine unfaßbare Kugel nannte er nun Heimat,
Und wie nie vorher kam sie ihm plötzlich nah,
Da er, fern von ihr in den Unendlichkeiten,
Stumm und reglos auf sie niedersah.

Und er liebe sie, die sich ihm zeigte,
Weil sie doch der Menschen Mutter war,
Immer noch die Söhne nährend und behausend,
Aber auch durch sie in tödlicher Gefahr.

Während seiner Rückkehr zum Planeten
Ward ihm klar: Die Erde ist nur eins.
Die darauf sind, müssen miteinander leben,
Oder von ihr wird es heißen: Leben keins.

1 **Juri Gagarin**, russischer Kosmonaut, umkreiste 1961 als erster Mensch die Erde.

Quelle: Günter Kunert: Gagarin. Aus: Ders.: Der ungebetene Gast. Gedichte. Berlin/Weimar: Aufbau Verlag 1965

AUFGABE 3 Textbeschreibung „Prosa“

Untersuchen Sie diesen Prosatext und beschreiben Sie dabei folgende Punkte:
- den Titel und die sprachlichen Mittel in Bezug auf den Inhalt
- die Merkmale der Kurzgeschichte belegt an Textbeispielen
- die Erkenntnis der Hauptfigur

Formulieren Sie einen zusammenhängenden, gegliederten Text.

Das Glück *Marion Miller*

Sie fasst es nicht, kann es nicht begreifen: 60.000 Mark, sechzig große Scheine. Fünf Richtige und Zusatz: Sie hat richtig getippt. Fünfzehn Jahre lang jeden Freitag Zahlen angekreuzt. Geburtstage, Hochzeitstage, Sterbetage: fünfzehn Jahre lang geträumt, fünfzehn Jahre gehofft. Sie hält den Brief in gichtigen Händen – ihr Name, der Geldbetrag und „dürfen wir Sie zu Ihrem Gewinn herzlich beglückwünschen!“ Kein Zweifel, sie ist gemeint. Sie hält den Brief ganz fest, spürt Kälte ins Gesicht steigen, legt die Hände vor die Augen, weint. Gestern Rentnerin, gestern arm, gestern gespart, gestern sich nichts geleistet, gestern an vollen Schaufenstern vorbeigehuscht. Nie hatte sie Geld. Und nun dieser Augenblick. Sie zieht das Sonntags-Dunkelblaue an, fährt in die Stadt, will das Glück auf die Probe stellen, Freude kaufen, Sehnsüchte bar bezahlen. Brechende Schaufenster, das Fest der Augen, die Flöte des Rattenfängers: kaufen, dazugehören, Geld ausgeben, glücklich sein. Die Verkäuferin warnt, dies sei ein teures Kleid, Material, Verarbeitung. Lächeln, sie möchte anprobieren, sie hat Geld. Bitte, gnädige Frau. Das Wort dröhnt in ihren Ohren: gnädige Frau! Zum ersten Mal in ihrem Leben.

Sie kauft das Kleid nicht, der Spiegel hat sie ausgelacht. Sie kauft auch keinen Pelz, der schwarze Wollmantel hält warm, tut es noch ein paar Jahre. Keinen Farbfernseher: ihre Augen sind müde, chronische Bindehautentzündung, tränig von dem, was sie sahen, durch siebzig Jahre. Kein Haus: sie ist allein. Keine Reisen in ferne Märchenländer: sie glaubt nicht mehr an Märchen. Fünf Richtige und Zusatz: was soll das Geld. Fünfzig Jahre früher hätte sie es gebraucht. Ein Haus für die Familie, die Kur für den Mann, den teuren Arzt für das Kind, den warmen Pelz, das schicke Kleid. Nie hat das Geld gereicht. Nun braucht sie keins mehr. Der Schalterbeamte holt den Direktor. Der redet auf sie ein, ob sie sich das auch gut überlegt hat: Geld legt man an, damit es sich vermehrt. Niemand verschenkt Geld, auch nicht an die Kirche. Sie bleibt dabei, sie will das Geld nicht. Schreibt den Scheck, malt mit zittrigen Händen die Riesenzahl, ihren Namen: Zahlen Sie aus meinem Guthaben.

Quelle: Marion Miller: Das Glück. Aus: Margarete Knödler-Weber: Glück und Sinn (Lesehefte Ethik – Werte und Normen – Philosophie). Stuttgart: Klett 1987

CHECKLISTE zur Textüberarbeitung

	erfüllt	nicht erfüllt
Inhaltlichess		
☑ Ist das in der Aufgabe geforderte Ziel erfüllt?	☐	☐
☑ Ist dein Text sinnvoll gegliedert und aufgebaut? Ist der „rote Faden“ erkennbar?	☐	☐
Formales		
☑ Hast du die erforderlichen Textsortenmerkmale eingehalten?	☐	☐
☑ Ist dein Text überschaubar gestaltet (Absätze)?	☐	☐
Sprachliches/Stil		
☑ Ist deine Sprache abwechslungsreich (treffende Adjektive und Verben …)?	☐	☐
☑ Sind deine Sätze flüssig verknüpft (*und, oder, obwohl, sodass …*)?	☐	☐
☑ Hast du überflüssige Wiederholungen vermieden?	☐	☐
☑ Ist deine Sprache ansprechend und angemessen, keine Umgangssprache?	☐	☐
☑ Hast du durchgehend die korrekte Zeitform angewendet?	☐	☐
Rechtschreibung/Fehlerschwerpunkte		
☑ Hast du Zweifelsfälle im Wörterbuch nachgeschlagen?	☐	☐
☑ Das oder dass? (Wenn du es durch *dieses*, *jenes* oder *welches* ersetzen kannst, wird es mit einem *s* geschrieben.)	☐	☐
☑ Hast du die Regeln der Groß- und Kleinschreibung beachtet?	☐	☐
☑ Hast du die Regeln der Getrennt- und Zusammenschreibung beachtet?	☐	☐
☑ Hast du die Regeln der Zeichensetzung beachtet?	☐	☐
Grammatik		
☑ Ist der Satzbau durchgehend korrekt?	☐	☐
☑ Hast du überall das korrekte Genus, den korrekten Kasus gebildet?	☐	☐

Glossar

Adverbialsatz: Nebensatz anstelle einer adverbialen Bestimmung (→ *Satzglieder*). Wie jeder Nebensatz wird er durch ein Komma vom Hauptsatz getrennt, durch eine Konjunktion eingeleitet und mithilfe der Frageprobe bestimmt.

Adverbialsatz	Frageprobe	Beispiel
Finalsatz (Ziel, Absicht)	Mit welcher Absicht? Wozu?	Ich gebe Zucker in meinen Tee, **damit** er süßer schmeckt.
Kausalsatz (Grund, Ursache)	Warum? Aus welchem Grund?	**Da** ich schnell friere, ziehe ich mir dicke Socken an.
Konditionalsatz (Bedingung)	Unter welcher Bedingung?	Sie bekommt die Bahn noch, **wenn** sie schnell rennen kann.
Konsekutivsatz (Folge, Wirkung)	Mit welcher Folge?	Er hat seinen Schirm vergessen, **sodass** er nun nass wird.
Konzessivsatz (Einräumung)	Unter welchen Umständen?	Ich habe mich in Karlsruhe verlaufen, **obwohl** ich einen Stadtplan dabeihabe.
Lokalsatz (Ort, Richtung)	Wo? Wohin? Woher?	Du kannst entscheiden, **wohin** du gehen willst.
Modalsatz (Art und Weise)	Wie?	**Indem** ich eifrig für die Klassenarbeit lernte, schrieb ich eine gute Note.
Temporalsatz (Zeitpunkt, Dauer)	Wann? Seit wann? Bis wann? Wie lange?	Er las die Zeitung, **während** er frühstückte.

Apposition: Erklärendes Nomen / Beisatz. Appositionen stehen immer direkt neben dem Bezugswort. Im Vergleich zum → *Relativsatz* hat die Apposition kein Relativpronomen und kein Verb.
Beispiel: *Frau Hauser, unsere Klassenlehrerin, fährt oft mit dem Fahrrad zur Schule.*

Attribut: Teil eines Satzglieds (→ *Satzglieder*). Attribute (auch Beifügungen genannt) beziehen sich auf das Nomen, können dieses zusätzlich erklären und weitere wichtige Informationen liefern.
Linksattribut Attribut steht links vor dem Nomen, z. B.: Der kleine Junge trägt ein grünes T-Shirt.
Rechtsattribut Attribut steht rechts hinter dem Nomen, z. B.: Der Hund meiner Freundin ist groß.

Attributarten	**Beispiele**
Adjektivattribut	Herr Müller hat sich ein neues Fahrrad gekauft.
Adverbattribut	Die Frau dort vorne ist meine Mutter.
Apposition	Ich habe ein Kind, einen zweijährigen Sohn. (→ *Apposition*)
Attribut- bzw. Relativsatz	Das Mädchen, das gewonnen hat, konnte schnell rennen. (→ *Relativsatz*)
Genitivattribut	Der Kuchen meiner Freundin schmeckt köstlich.
Präpositionalattribut	Der Junge mit der Brille trägt einen Rucksack.

Epik: Unter diesem Begriff fasst man alle Arten der erzählenden Dichtung zusammen. Es gibt viele epische Kleinformen (→ *Erzählung*, → *Fabel*, → *Kurzgeschichte*, → *Märchen, Sage, Schwank*). Zu den langen epischen Texten gehört der Roman.

Erzählung: In der Literatur versteht man unter einer Erzählung einen kurzen erzählenden Text, der nicht eindeutig einer anderen Kurzform (→ *Fabel*, → *Märchen, Sage, Schwank*) zugeordnet werden kann.

Feldermodell: Gibt eine Übersicht über die Struktur eines Satzes und hilft so bei der Einteilung in → *Satzglieder*.
- Satzklammer: Sie wird auch Verbklammer genannt und gliedert den Satz in Vorfeld, Mittelfeld und Nachfeld. In die Satzklammer dürfen Prädikate oder bei Satzgefügen die unterordnenden Konjunktionen.
- Vorfeld: Im Vorfeld ist nur Platz für ein Satzglied; es kann auch leer bleiben.
- Mittelfeld: Hier können ein oder mehrere Satzglieder stehen.
- Nachfeld: Das Nachfeld steht außerhalb der Klammer und bietet beispielsweise Platz für Hervorhebungen; es bleibt aber oft leer.

– Koordinationsfeld: Bietet bei Satzreihen Platz für die Konjunktionen. Bei Satzgefügen wird das finite Verb von der unterordnenden Konjunktion verdrängt und man benötigt kein Koordinationsfeld.

Koordinations-feld	Vorfeld	linke Satz-klammer	Mittelfeld	rechte Satz-klammer	Nachfeld
	Ich	gehe	morgen mit Timo	einkaufen	
und	wir	wollen	etwas Leckeres	essen,	vielleicht Pizza.

Interpunktion: Interpunktion umfasst die korrekte Anwendung von Satzzeichen.

Journalistische Textsorten:
Informierende Texte
Der **Bericht** ist die ausführliche Form der Nachricht.
Er liefert eine detaillierte und sachliche Darstellung eines Sachverhalts.
Merkmale:
1. Die Überschrift (häufig mit Unterüberschrift) informiert sachlich.
2. Ein Vorspann fasst die wichtigsten Informationen (W-Fragen) zusammen.
3. Im Hauptteil erfolgt eine ausführliche Darstellung der Nachricht mit Erklärung der Zusammenhänge und Hintergründe.
4. Die Darstellung ist sachlich, wertende Äußerungen durch den Berichterstatter fehlen.
5. Aussagen von Personen werden in direkter und indirekter Rede wiedergegeben.
6. Häufig gibt es ein erklärendes Bild.

Das **Interview** ist ein Gespräch, in dem ein Journalist gezielte Fragen an eine Person stellt. Das Ziel kann darin bestehen, aktuelle Informationen über bestimmte Sachverhalte zu erhalten oder die persönliche Meinung zu einem bestimmten Problem zu erfahren.

Kommentierende Texte
Der **Kommentar** liefert eine Meinung zu einem Sachverhalt. Diese kann zustimmend oder ablehnend sein.
Merkmale:
1. Häufig wird er in Verbindung mit einem Bericht oder einer Meldung geschrieben.
2. In vielen Zeitungen erscheinen die Kommentare an einer bestimmten Stelle (z. B. 2. Seite).
3. Kürzere Kommentare beziehen sich oft auf einen Artikel auf der gleichen Seite.
4. Die Autorin, der Autor wird genannt.
5. In der Regel haben Kommentare keine Bilder.

Oft haben Kommentare einen typischen Aufbau:
1. Zunächst werden die wichtigsten Informationen dargestellt, die zum Verständnis der Stellungnahme nötig sind.
2. Der Autor legt seine Meinung begründet dar.
3. Als Abschluss wird meist ein Wunsch oder ein Ausblick formuliert.

Die **Meldung** ist die Kurzform der Nachricht. Sie enthält nur die wichtigsten Informationen (Wer? Wo? Was? Wann?). Sie steht häufig auf der ersten Seite und weist meistens auf einen ausführlichen Bericht im Innenteil der Zeitung hin.

Karikatur/Cartoon: Eine Zeichnung, die durch Über- oder Untertreibungen menschliche Schwächen oder Missstände kritisiert und lächerlich macht.

Konjunktiv: Wird auch als Möglichkeitsform bezeichnet und ist einer der drei Modi (Aussageweisen) des Verbs.
- Indikativ: Wirklichkeitsform
- Imperativ: Aufforderungs-/Befehlsform
- Konjunktiv: Möglichkeitsform

Es wird unterschieden zwischen Konjunktiv I und Konjunktiv II.
Der Konjunktiv I wird hauptsächlich bei der indirekten Rede verwendet.
Bildung: Der Konjunktiv I wird vom Infinitiv abgeleitet. An den Präsensstamm werden -e, -est, -en oder -et angehängt. In manchen Fällen ist er identisch mit dem Indikativ Präsens.
Beispiel 1: *„Ich will ein Stück Kuchen!“*
Konjunktiv: *Sie sagt, sie wolle ein Stück Kuchen.*
Sie sagt, dass sie ein Stück Kuchen wolle.

Wenn die Formen von Indikativ und Konjunktiv I identisch sind, dann benutzt man den Konjunktiv II oder die Umschreibung mit „würde“.
Beispiel 2: *Ich habe Hunger!“*

Konjunktiv I:	*Sie sagt, sie habe Hunger. (identisch)*
Konjunktiv II:	*Sie sagt, sie hätte Hunger.*
würde:	*Sie sagt, sie würde Hunger haben.*

Der Konjunktiv II wird verwendet, wenn man etwas Unwahrscheinliches oder nur Vorgestelltes ausdrücken möchte.

- Situationen in der Gegenwart
  Bildung: Der Konjunktiv II wird vom Indikativ Präteritum abgeleitet. Starke Verben erhalten einen Umlaut. Schwache Verben unterscheiden sich im Konjunktiv II nicht vom Indikativ Präteritum (würde-Form nutzen).
  Beispiel 1: *Wäre ich Millionär, würde ich mir ein eigenes Flugzeug kaufen.*
  Beispiel 2: *Ich wünschte, ich hätte jetzt Ferien.*
- Situationen in der Vergangenheit
  Bildung: Konjunktivformen von sein/haben + Partizip II
  Beispiel 1: *Ich hätte ihm die Wahrheit gesagt.*
  Beispiel 2: *Nach einer Stunde im Wartezimmer wäre ich gegangen.*

Kurzgeschichte: Es handelt sich um einen kürzeren erzählenden Text. Die folgenden Merkmale sind zwar typisch für Kurzgeschichten, aber nicht immer treffen alle Kriterien in gleicher Weise zu.
Merkmale:

1. Die Handlung setzt unvermittelt ein. Es fehlen Angaben zu Ort, Zeit und Personen der Erzählung.
2. Gegenstand der Kurzgeschichte sind Alltagspersonen in Alltagssituationen.
3. Die Hauptperson ist einem Problem oder einer kritischen Situation ausgesetzt.
4. Oft nimmt die Handlung eine unerwartete Wendung.
5. Der Schluss ist offen. Der Leser soll über den Fortgang der Handlung selbst nachdenken.
6. Die Darstellung der Handlung ist kurz gefasst und auf das Wesentliche beschränkt.

Lyrik: Lyrik ist Dichtung in Versform (Gedichte).
Als **Vers** bezeichnet man die einzelne Zeile eines Gedichts. Ein besonderes Stilmittel ist dabei das **Enjambement**. Beim ihm fällt das Ende des Satzes (der Sinneinheit) nicht mit dem Ende des Verses zusammen, sodass man beim Vortragen die Stimme nicht absinken lassen darf.
Im Gedicht drückt das → *lyrische Ich* seine Gefühle, seine Stimmungen, aber auch seine Erlebnisse, Einstellungen und Gedanken aus.
Viele Gedichte sind in **Strophen** gegliedert. Mindestens zwei Verszeilen werden in einer Strophe zusammengefasst. Oft beginnt mit einer Strophe ein neuer Gedanke. Es gibt Gedichte, die zwar einem bestimmten Rhythmus folgen, aber nicht am Wort- und Versende gereimt sind.

Durch **Reime** erhalten Gedichte eine bestimmte Klangwirkung. Durch den Gleichklang der Reimwörter (z. B. *küssen – müssen; Fassaden – baden*) werden oft zwei oder mehr Verszeilen miteinander verbunden.
Drei Reimformen werden besonders oft verwendet:

Paarreim	**umarmender Reim**	**Kreuzreim**
a Sonne	a Sonne	a Sonne
a Wonne	b Eis	b Eis
b Eis	b heiß	a Wonne
b heiß	a Wonne	b heiß

Unter dem **Metrum** eines Gedichts versteht man die Folge von betonten und unbetonten Silben in den Wörtern eines Verses:

x x́ x x́ x x́ x (= Jambus)
Es war, als hätt der Himmel …

x́ x x́ x x́ x x́ x (= Trochäus)
Als ich schläfrig heut erwachte …

x́ x x x́ x x x́ x x x́ x (= Daktylus)
Wär ich die Luft, um die Flügel zu schlagen …

x x x́ x x x́ x x x́ x x x́ x x x́ (= Anapäst)
Das Gesicht und die Seele betrachtet mir wohl im Gedicht!

Lyrisches Ich: Das lyrische Ich ist die oder der Sprechende im Gedicht. Das lyrische Ich kann, muss aber nicht die Einstellung oder Stimmung der Dichterin / des Dichters wiedergeben.

Merkmale erzählender Texte: Wenn man einen Erzähltext beschreiben will, können u. a. folgende Merkmale untersucht werden:

1. Erzählform:
- **Ich-Form:** Der Erzähler tritt als erlebende und erzählende Figur in der Handlung auf.
- **Er/Sie-Form:** Der Erzähler vermittelt die Geschichte, tritt selbst aber zurück.

Erzählerwissen:
- **umfassend:** Der Erzähler steht über dem Geschehen und leitet den Leser durch Kommentare, Vorausdeutungen oder Bewertungen durch die Geschichte.
  Er weiß mehr als die Figuren.
- **begrenzt:** Es wird aus der Sicht einer Person erzählt. Der Erzähler bleibt der Sichtweise dieser Figur verbunden.
  Er weiß nicht mehr oder sogar weniger als die Figur.

2. Zeitgestaltung:
Zeitsprung: Zwischen zwei Handlungsschritten wird etwas ausgelassen, um nur das für den Fortgang der Handlung Entscheidende zu erzählen.
Rückblende: Ereignisse, die zeitlich vor dem bisher Erzählten stattgefunden haben, werden erst im Nachhinein erzählt.
Vorausblende: Ein Handlungsschritt wird vorweggenommen.
Zeitdehnung: Die Erzählzeit ist länger als die erzählte Zeit.
Zeitraffung: Die erzählte Zeit ist länger als die Erzählzeit.

3. Redeformen: Der Erzähler kann unterschiedliche Redeformen verwenden.
Erzählbericht: Die Geschichte wird nur vom Erzähler vermittelt.
Figurenrede: Figuren kommen selbst zu Wort.
Direkte Rede: In wörtlicher Rede werden Äußerungen und Gedanken wiedergegeben: *Jan war aufgebracht: „Was wissen Sie schon, was geschehen ist!?“*
Indirekte Rede: Äußerungen werden vom Erzähler wiedergegeben, zumeist unter Verwendung des → *Konjunktivs: Vollkommen unbeherrscht machte er allen um ihn Stehenden Vorwürfe, dass schließlich niemand gekommen sei, ihm zu helfen, und er daher ganz allein auf sich selbst gestellt gewesen sei.*
Erlebte Rede: Der Erzähler gibt die Gedanken und Gefühle in der 3. Person und meistens im Präteritum wieder: *Als alle den Raum verlassen hatten, war Jan sehr niedergeschlagen. War es nicht auch sein Fehler, dass es so weit gekommen war? War er nicht einfach zu stolz gewesen?*
Innerer Monolog: Die Gedanken und Gefühle werden in der Ich-Form dargestellt, häufig im Präsens: *Jan nahm sein Handy und suchte die Nummer von Marion. Ich werde ihr alles erklären. Ich werde sie nicht um Verzeihung bitten, denn mein Verhalten kann man nicht entschuldigen.*

4. Satzbau: Man unterscheidet folgende Möglichkeiten des Satzbaus:
- **Satzreihe (Parataxe):** Es werden nur Hauptsätze aneinandergereiht. Häufig sind sie kurz: *Jan schwieg. Sein Puls raste. Blut schoss ihm in den Kopf.*
- **Satzgefüge (Hypotaxe):** Darunter versteht man den Verbund von Haupt- und Nebensätzen: *Als er die Tür öffnete* (Nebensatz), *blies ihm ein kalter Wind entgegen* (Hauptsatz), *der schon vor geraumer Zeit begonnen hatte zu wehen und sich nun zu einem Sturm entwickelte* (Relativsatz).
- **Unvollständige Sätze (Ellipse):** → *Sprachliche Mittel* (Seite 140)

Die Wirkung dieser Satzformen kann sehr unterschiedlich sein und kann nur aus dem Zusammenhang des Textes erschlossen werden.

5. Sprachliche Mittel: → *Sprachliche Mittel* (Seite 140)

Morphologie: Lehre von Struktur und Funktion der Morpheme (kleinste bedeutungstragende Einheiten) sowie deren Bezug zur Syntax. Morphologie untersucht auch die Flexion (Veränderung) der Wörter und Wortarten.

Operatoren: Sind sogenannte „handlungsleitende Verben“, die festlegen, welchen normierten Anforderungen man bei der Bearbeitung einer Aufgabe gerecht werden muss.
Häufige Operatoren sind:
- **begründen:** Meinungen, Positionen, Auffassungen, Urteile usw. bestimmen, argumentativ herleiten und durch Argumente stützen
- **belegen:** Aussagen durch ein passendes Zitat oder einen Verweis stützen
- **(be)nennen:** Gegenständen oder Sachverhalten eine geeignete Bezeichnung zuordnen, Begriffe und Sachverhalte aufzählen
- **beschreiben:** Personen, Situationen, Vorgänge, Sachverhalte oder Zusammenhänge strukturiert und ohne Wertung mit eigenen Worten darstellen
- **bewerten:** zu einem Sachverhalt oder einer Aussage Stellung nehmen und dabei die eigenen Maßstäbe einbeziehen, um zu einer begründeten Einschätzung zu gelangen
- **darstellen, darlegen:** Zusammenhänge, Probleme usw. unter einer bestimmten Fragestellung strukturiert und neutral wiedergeben
- **diskutieren:** sich argumentativ mit einem Thema, einer Frage, einem Problem auseinandersetzen
- **einordnen, in Zusammenhang bringen:** einen Sachverhalt oder eine Aussage begründet in einen Gesamtzusammenhang stellen
- **erklären, erläutern:** einen Sachverhalt in einen Begründungszusammenhang stellen, etwas schlussfolgernd herleiten
- **formulieren:** ein Ergebnis, einen Standpunkt, einen Eindruck knapp und präzise zum Ausdruck bringen
- **vergleichen:** Gemeinsames und Unterschiedliches herausarbeiten und gegenüberstellen, gewichtend ein Ergebnis formulieren
- **zusammenfassen:** Inhalte und Zusammenhänge von Quellen (Texte, Medien) sachbezogen, strukturiert und auf das Wesentliche ausgerichtet wiedergeben

Orthografie: Mit Orthografie ist die Rechtschreibung gemeint, also die Lehre von der richtigen Schreibung der Wörter.

Partizip: Mittelwort, da es in seiner Funktion zwischen einem Verb und einem Adjektiv steht.
- Partizip Präsens (Partizip I):
  Grundform des Verbs + „d“
  Beispiel: *liegen – liegend, rennen – rennend, lachen – lachend, …*
  Partizipien werden als Adjektiv oder Adverb verwendet oder um einen Teilsatz zu ersetzen und so den Gesamtsatz zu verkürzen.
  Beispiel: *Lachend rannte er davon.* (anstatt: *Er lachte und rannte davon.*)

- Partizip Perfekt (Partizip II):
  Bei starken/unregelmäßigen Verben wird vorne ein „ge-“ und hinten ein „-en“ angefügt.
  Beispiel: *singen – gesungen, winken – gewunken, trinken – getrunken, …*
  Bei schwachen/regelmäßigen Verben wird vorne ein „ge-“ und hinten ein „-t“ angefügt.
  Beispiel: *küssen – geküsst, reden – geredet, lernen – gelernt, …*
  Partizipien werden bei der Bildung der Zeitformen verwendet oder um Teilsätze zu ersetzen und so den Gesamtsatz zu verkürzen.
  Beispiel 1: *Ich esse Pizza. (Präsens) – Ich habe Pizza gegessen. (Perfekt)*
  Beispiel 2: *Ihren Hund gefüttert, ging sie spazieren.*
  (anstatt: *Nachdem sie ihren Hund gefüttert hatte, ging sie spazieren.*)

Partizipialsatz: Ein Partizipialsatz ist ein Teilsatz, dessen Kern ein → *Partizip* bildet. Er wird auch erweitertes Partizip genannt und bezieht sich auf das Subjekt des Hauptsatzes. Das Verb wird zum Partizip und steht am Satzende.
Beispiel 1: *Einen Popsong pfeifend, erledigte Tim seine Hausaufgaben.*
Beispiel 2: *Er umarmte seine Freundin, vor Freude weinend.*

Präpositionalobjekt: Ein Präpositionalobjekt ist ein Satzglied (→ *Satzglieder*), das man nur mit einer Präposition erfragen kann. Es ist ein Objekt, das auf die Präposition folgt.
Beispiel: *Ich warte auf schöneres Wetter.*
Auf was warte ich? → auf schöneres Wetter

Relativsatz: Der Relativsatz ist eine besondere Art eines Nebensatzes, der sich auf das zuvor genannte Nomen bezieht und dieses genauer beschreibt. Er gehört zu den Rechtsattributen, wird auch Attributsatz genannt (→ *Attribute*) und beginnt immer mit einem Relativpronomen.
Beispiel: *Emil, der eine Brille trägt, spielt immer mittwochs mit mir Fußball.*

Rückblick: Vor allem in der → *Epik* (Erzählung, Roman) gibt es solche Einschübe, die vor der Zeit der eigentlichen Handlung spielen. Sie dienen dazu, die jetzige Situation oder das Handeln einer Figur zu erklären.

Satzarten und Satzfunktionen: Sätze lassen sich anhand der Stellung des konjugierten (finiten) Verbs im Satz unterscheiden. Sätze können unterschiedliche Funktionen haben. Man kann mit ihnen
- etwas fragen (Fragesatz: ?),
- etwas feststellen oder aussagen (Aussagesatz: .),
- zu etwas auffordern oder befehlen (Aufforderungssatz: !) oder
- Gefühle oder Wünsche ausdrücken (Ausrufesatz: !).

Die Satzfunktion entscheidet über das Satzschlusszeichen.

Verberstsatz: Satzart, bei der das konjugierte (finite) Verb an der ersten Stelle im Satz steht. Im → *Feldermodell* bleibt das Vorfeld leer. Der Verberstsatz wird bei Fragen, Aufforderungen und Befehlen verwendet.
Beispiel 1: *Möchtest du noch ein Stück Kuchen? – Fragesatz: ?*
Beispiel 2: *Geh bitte deine Zähne putzen! – Aufforderungssatz: !*

Verbzweitsatz: Satzart, bei der das konjugierte (finite) Verb an der zweiten Stelle im Satz steht. Der Verbzweitsatz wird bei Aussagen/Feststellungen, Ausrufen und einigen Fragen verwendet.
Beispiel 1: *Julia muss ihre Hausaufgabe erledigen. – Aussagesatz: .*
Beispiel 2: *Mir ist so kalt! – Ausrufesatz: !*
Beispiel 3: *Wie viel kostet ein belegtes Brötchen? – Fragesatz: ?*

Verbletztsatz: Satzart, bei der das konjugierte (finite) Verb im Nebensatz des Satzgefüges (HS + NS) an letzter Stelle steht. Im Feldermodell steht die Konjunktion in der linken Satzklammer, das Vorfeld bleibt leer.
Beispiel 1: *Tina muss zum Arzt, weil ihr Arm gebrochen ist.*
Beispiel 2: *Ich bin müde, da ich gestern zu spät ins Bett gegangen bin.*

Satzglieder: Satzglieder sind Satzteile, die beim Umstellen zusammen bleiben und durch die Umstellprobe ermittelt werden können. Satzglieder können aus einem oder aus mehreren Wörtern bestehen.
Subjekt: Wer oder was?
Prädikat: Was tut das Subjekt?

Objekte
Dativobjekt: Wem oder was?
Akkusativobjekt: Wen oder was?
Genitivobjekt: Wessen?

Adverbiale Bestimmungen
- des Ortes (lokal): Wo?
- der Zeit (temporal): Wann?
- des Grundes (kausal): Warum?
- der Art und Weise (modal): Wie?

Präpositionalobjekt (→ *Präpositionalobjekt*)
Beispiel: Die Touristen / in Italien / essen / am liebsten / Pizza.
Wer oder was? → Die Touristen → Subjekt
Wo? → in Italien → adverbiale Bestimmung des Ortes
Was tut das Subjekt? → essen → Prädikat
Wie? → am liebsten → adverbiale Bestimmung der Art und Weise
Wen oder was? → Pizza → Akkusativobjekt

Semantik: Die Semantik (= Lehre der Zeichen) befasst sich mit der Bedeutung sprachlicher Zeichen und Zeichenfolgen. Typischerweise geht es um die Beziehungen zwischen den Zeichen und deren Bedeutung sowie den Bedeutungsinhalt eines Wortes oder Begriffs.

Sprachliche Mittel: Nahezu in allen Texten werden gezielt sprachliche Mittel eingesetzt, um bestimmte Wirkungen zu erzielen.

Sprachliche Mittel	Erläuterung	Beispiel	Mögliche Wirkung
Allegorie, die	(eine Person als) Verbildlichung einer Sache	Justitia = Gerechtigkeit Freiheitsstatue = Amerika	regt zum Nachdenken und zur Deutung an, veranschaulicht
Alliteration, die	Wiederholung von Anfangslauten bei aufeinderfolgenden Wörtern	Milch macht müde Männer munter.	emotionale Verstärkung des gewünschten Eindrucks
Anapher, die	Wiederholung derselben Wortgruppe an Satz- oder an Versanfängen	Worte sind verletzend. Worte sind unersetzlich.	Eindringlichkeit, Rhythmisierung
Antiklimax, die	abschwächender Übergang vom Wichtigen/Stärkeren zum weniger Wichtigen/Schwächeren	... und vor mir stand: ein brüllender Löwe, ein Puma, eine maunzende Katze.	Abschwächung der Gesamtaussage
Antithese, die	Gegenüberstellung zweier Wörter oder Satzteile, die sich im Sinn widersprechen	Heiß ist die Liebe, kalt ist der Schnee. Himmel und Hölle	Hervorhebung, Betonung des Gegensatzes
Archaismus, der	bewusste Verwendung eines veralteten, als altmodisch empfundenen Ausdrucks	Na, du holde Maid!	Ironisierung des Dargestellten, gehobene Ausdrucksweise
Chiasmus, der	kreuzweise aufeinander bezogene Wörter oder Satzglieder, z. B. Subjekt/Prädikat/Objekt, Objekt/Prädikat/Subjekt	Er löschte das Licht, die Dunkelheit empfing er.	Verstärkung, Kontrastierung
Ellipse, die	unvollständiger Satz, der aber sinngemäß leicht zu ergänzen ist	Feuer! Je früher der Abschied, desto kürzer die Qual.	Hervorherung des wichtigsten Aspekts
Enjambement, das	Satz- und Sinnzusammenhang reicht über das Versende (ggf. auch Strophenende) hinaus	Über allen Gipfeln / Ist Ruh	Vermeidung von Eintönigkeit, Verbindung (und oft Hervorhebung) von Versende und -anfang
Epipher, die	Wiederholung desselben Wortes / derselben Wortgruppe am Satzende	Die Sterne scheinen, und alles ist gut / Sie tadeln keinen, und alles ist gut.	Eindringlichkeit, Verstärkung
Euphemismus, der	Beschönigung	vollschlank (statt: dick) eingeschlafen (statt: gestorben)	abgemilderte Negativbotschaft, taktisches Verhalten
Hyperbel, die	starke Unter- oder Übertreibung	Es ist zum Haareausraufen! ein Meer von Tränen blitzschnell	Dramatisierung, starke Veranschaulichung
Inversion, die	Umstellung, vertauschte Reihenfolge	Der Glocken Klang (statt: der Klang der Glocken)	Betonung des vorangestellten Wortes
Ironie, die	Äußerung, die durchblicken lässt, dass das Gegenteil gemeint ist	Das hast du ja ganz toll hinbekommen! Schön, dass du zu spät bist.	Herabsetzung, kritische Anmerkung, Stellungnahme
Klimax, die	Steigerung, meist dreigliedrig	Er kam, sah und siegte.	Dramatisierung
Lautmalerei, die	sprachliche Nachahmung von Geräuschen, Lauten durch ähnlich klingende Worte	Das feuer knastert und knistert.	Veranschaulichung
Metapher, die	verkürzter Vergleich, Wort in übertragener Bedeutung	Geldwäsche Glühbirne Wasserhahn	Veranschaulichung
Neologismus, der	Wortneuschöpfung	Kaufrausch Berufsjugendlicher schwerschwarz	Hervorhebung

Oxymoron, das	Verbindung zweier sich widersprechender Begriffe	leises Getöse Hassliebe bittersüß stummer Schrei	Erhöhung der Aufmerksamkeit, Verrätselung
Paradoxon, das	scheinbarer Widerspruch	Vor lauter Individualismus tragen sie eine Uniform. Die Tragödie des Alters ist nicht, alt zu sein, sondern jung.	starker Anreiz zum Nachdenken
Parallelismus, der	Wiederholung gleicher Satzstrukturen	Ein Blitz leuchtete, ein Donner folgte, ein Gewitter begann.	Dramatisierung, Intensivierung
Parenthese, die	Einschub, Schaltsatz	Ich möchte dir – ich fasse mich kurz – von den Ereignissen erzählen.	nähere Erläuterung, Unterbrechung des Rede- oder Gedankenflusses
Personifikation, die	Vermenschlichung; Gegenstände oder Tiere erhalten die Eigenschaften und/oder Fähigkeiten von Menschen	Die Sonne lacht. Väterchen Frost Mutter Natur	lebendige und anschauliche Darstellung
Pleonasmus, der	überflüssige Verbindung von Wörtern mit gleicher oder ähnlicher Bedeutung	der weiße Schimmel die prominente Berühmtheit	Pointierung, Intensivierung
rhetorische Frage, die	scheinbare Frage, deren Antwort jeder kennt; Leser und Zuhörer müssen zustimmen, da ihr Einverständnis vorausgesetzt wird	Gibt es die ideale Person? Wer ist schon perfekt? Wer glaubt denn das noch?	Mobilisierung einer bestätigenden Reaktion des Lesers
Symbol, das	Sache oder Handlung, die etwas anderes bedeutet oder auf etwas anderes verweist	Rose → Liebe Ring → Vollkommenheit	
Tautologie, die	inhaltliche Wiederholung	Geschäft ist Geschäft. angst und bange	Verstärkung
Trikolon, das	dreigliedriger Ausdruck	Und wiegen und tanzen und singen dich ein.	Steigerung, Intensivierung
Vergleich, der	Verknüpfung zweier Begriffe mit *wie*	Der Kämpfer ist stark wie ein Löwe.	anschauliche Darstellung
Wiederholung, die	mehrfaches Auftreten identischer Wörter, Satzteile oder ganzer Sätze	Singet leise, leise, leise.	Verstärkung des gewünschten Eindrucks
Wortspiel, das	geistreiches Spiel mit Worten, um eine witzige Wirkung zu erzielen	Entrüstet Euch! (Wahlspruch der Friedensbewegung)	erregt Aufmerksamkeit, regt zugleich zum Nachdenken an

Syntax: Lehre vom Satzbau

Tempus: die Zeiten des Verbs: Vergangenheit – Zukunft – Gegenwart

Zeitform	Infinitiv: erzählen	Erklärung
Präsens (Gegenwart)	Sie erzählt eine Geschichte.	beschreibt ein Geschehen in der Gegenwart; Handlung findet gerade statt
Präteritum (Vergangenheit)	Sie erzählte eine Geschichte	beschreibt einen in der Vergangenheit abgeschlossenen Vorgang; schriftliche Erzählform
Perfekt (vollendete Gegenwart)	Sie hat eine Geschichte erzählt.	wird vor allem bei mündlichen Erzählungen verwendet
Plusquamperfekt (vollendete Vergangenheit)	Sie hatte eine Geschichte erzählt.	wird genutzt, um auszudrücken, dass vor einem Ereignis in der Vergangenheit noch etwas passiert war; Handlung liegt lange zurück
Futur 1 (Zukunft)	Sie wird eine Geschichte erzählen.	beschreibt ein Geschehen in der Zukunft; geplante Handlung
Futur 2 (vollendete Zukunft)	Sie wird eine Geschichte erzählt haben.	Handlung wird erst in der Zukunft abgeschlossen sein; Vermutung mit abgeschlossener Handlung

Tempus der Hilfsverben „sein“, „haben“ und „werden“

Zeitform	Person	sein	haben	werden
Präsens	1. Pers. Sing. 2. Pers. Sing. 3. Pers. Sing. 1. Pers. Plural 2. Pers. Plural 3. Pers. Plural	ich bin du bist er/sie/es ist wir sind ihr seid sie sind	ich habe du hast er/sie/es hat wir haben ihr habt sie haben	ich werde du wirst er/sie/es wird wir werden ihr werdet sie werden
Präteritum	1. Pers. Sing. 2. Pers. Sing. 3. Pers. Sing. 1. Pers. Plural 2. Pers. Plural 3. Pers. Plural	ich war du warst er/sie/es war wir waren ihr wart sie waren	ich hatte du hattest er/sie/es hatte wir hatten ihr hattet sie hatten	ich wurde du wurdest er/sie/es wurde wir wurden ihr wurdet sie wurden
Perfekt	1. Pers. Sing. 2. Pers. Sing. 3. Pers. Sing. 1. Pers. Plural 2. Pers. Plural 3. Pers. Plural	ich bin gewesen du bist gewesen er/sie/es ist gewesen wir sind gewesen ihr seid gewesen sie sind gewesen	ich habe gehabt du hast gehabt er/sie/es hat gehabt wir haben gehabt ihr habt gehabt sie haben gehabt	ich bin geworden du bist geworden er/sie/es ist geworden wir sind geworden ihr seid geworden sie sind geworden
Plusquamperfekt	1. Pers. Sing. 2. Pers. Sing. 3. Pers. Sing. 1. Pers. Plural 2. Pers. Plural 3. Pers. Plural	ich war gewesen du warst gewesen er/sie/es war gewesen wir waren gewesen ihr wart gewesen sie waren gewesen	ich hatte gehabt du hattest gehabt er/sie/es hatte gehabt wir hatten gehabt ihr hattet gehabt sie hatten gehabt	ich war geworden du warst geworden er/sie/es war geworden wir waren geworden ihr wart geworden sie waren geworden
Futur 1	1. Pers. Sing. 2. Pers. Sing. 3. Pers. Sing. 1. Pers. Plural 2. Pers. Plural 3. Pers. Plural	ich werde sein du wirst sein er/sie/es wird sein wir werden sein ihr werdet sein sie werden sein	ich werde haben du wirst haben er/sie/es wird haben wir werden haben ihr werdet haben sie werden haben	ich werde werden du wirst werden er/sie/es wird werden wir werden werden ihr werdet werden sie werden werden
Futur 2	1. Pers. Sing. 2. Pers. Sing. 3. Pers. Sing. 1. Pers. Plural 2. Pers. Plural 3. Pers. Plural	ich werde geworden sein du wirst geworden sein er/sie/es wird geworden sein wir werden geworden sein ihr werdet geworden sein sie werden geworden sein	ich werde gehabt haben du wirst gehabt haben er/sie/es wird gehabt haben wir werden gehabt haben ihr werdet gehabt haben sie werden gehabt haben	ich werde gewesen sein du wirst gewesen sein er/sie/es wird gewesen sein wir werden gewesen sein ihr werdet gewesen sein sie werden gewesen sein

Übersicht: Textsorten der produktiven Schreibaufgabe

Textsorte	Dialog	innerer Monolog	persönlicher Brief
Perspektive – Adressat	Ich (abwechselnd) – Du/Sie	Ich – Ich	Ich – Du/Sie (Empfänger)
Aufbau und Inhalt	Anlass, Ausgangslage Diskussion des Problems oder der Situation, Lösungssuche Abschluss, weiteres Vorgehen, Lösung? ------------------------ Haltung und Einstellung der Figuren verdeutlichen Figuren sollen aufeinander eingehen, sich mit dem Gegenüber auseinandersetzen; sie haben abwechselnde und meist ausgewogene Redeanteile	Problem- bzw. Ausgangslage widersprüchliches Hin- und Herspringen der Gedanken Entschluss, Ergebnis, Einsicht ------------------------ Gedankengang ausführlich und für Leser verständlich darstellen vorausgegangene Ereignisse reflektieren; zukünftige Ereignisse und/oder Konsequenzen antizipieren	Anlass/Grund des Briefes Anliegen ausformulieren Abschluss, Bitte, Ausblick ------------------------ auf die Sicht des Empfängers eingehen Fragen stellen, Vergangenes hinterfragen, erklären Gedankenaustausch
Form	Sprecher am Zeilenanfang (Abkürzung möglich) nennen: A: ... M: ... keine Redezeichen verwenden Einbau von Regieanweisungen möglich	keine formalen Besonderheiten	Ort und Datum angeben Anrede: Sehr geehrte(r), Liebe(r), Grußformel: *In ewiger Freundschaft, Dein dich liebender ...,* Höflichkeitsform, Großschreibung
Sprache	Sprachstil den Figuren entsprechend Fragen zu vergangenen Ereignissen oder zur Meinung stellen direkte Ansprache des Gegenüber	unvollständige Sätze möglich, Satzbau oft kurz und reihend Interjektionen; rhetorische Fragen, Fragen an sich selbst Sprachstil der Figur entsprechend, oft emotionsbetont	Empfänger direkt ansprechen Sprachstil je nach Figur und Empfänger formal, umgangssprachlich ... vollständiger Satzbau

Textsorte	Rede	Tagebucheintrag
Perspektive – Adressat	Ich – Sie/Euch (Publikum)	Ich – Ich
Aufbau und Inhalt	Begrüßung der Zuhörer, Anlass der Rede Appell, Ausblick, Bitte, Dank, Erörterung, Vortrag, Zusammenfassung Verabschiedung und Dank an das Publikum ------------------------ Bezug nehmen auf Ereignisse/Verhalten rhetorische Mittel einsetzen, z. B. Fragen, Überleitungen, Vergleiche, Zusammenfassung	Ausgangslage, Grund des Schreibens sich schreibend mit Thema, Problem oder Situation auseinandersetzen (nicht: nacherzählen) Beschluss, Ergebnis, Lösung?, Pläne? ------------------------ nach Lösung/Ausweg für ein Problem suchen sich über eigenes Verhalten und Empfinden klar werden; über andere Figuren nachdenken
Form	Begrüßung, direkte Anrede: *Meine sehr verehrten ...,* *Liebe Freunde,*	Datum möglich, Anrede möglich: *Liebes Tagebuch,* *Liebe Kitty,*
Sprache	Schriftsprache (vollständiger Satzbau, treffender, klarer Ausdruck, Aussageabsicht verdeutlichend) Sprachstil je nach Anlass und Publikum, z. B. auffordernd, erörternd, informativ, sachlich, witzig, eventuell provozierend ... Zuhörer immer wieder direkt ansprechen	Sprachstil der Figur entsprechend, oft emotional, nur an sich selbst gerichtet meist vollständige Sätze nicht ganz so sprunghaft wie innerer Monolog, in sich geordneter durch das Aufschreiben

Planungsraster

Eine gute Vorbereitung beginnt mit einer guten Planung.

- Erste Vorüberlegung: Wie viele Wochen stehen dir bis zum Tag X noch zur Verfügung? Wie viel Zeit kannst du realistisch jeden Tag zur Vorbereitung im Fach Deutsch verwenden?
- Zweite Vorüberlegung: Welche Themen aus dem Wahlteil B willst du vorbereiten? Im Wahlteil B kannst du dich zwischen „Textgebundene dialektische Erörterung“, „Textbeschreibung: Lyrik“ und „Textbeschreibung: Prosa“ entscheiden. Lege eine Reihenfolge fest. Beginne mit dem Thema, das du am ehesten wählen wirst. Wenn dir diese Festlegung schwerfällt, kannst du nach den Noten entscheiden, die du in den entsprechenden Aufsätzen hattest. Und deine Deutschlehrerin oder dein Deutschlehrer gibt dir sicherlich auch eine Einschätzung, wenn du nachfragst.

Trage für jeden Arbeitsblock die Seiten aus dem FiNALE Prüfungstraining ein, die du dir vornimmst.
Fülle nun dein eigenes Planungsraster aus:

Woche	Thema				
1					
2					
3					
4					
5					